U0926186

我的姑姑三毛

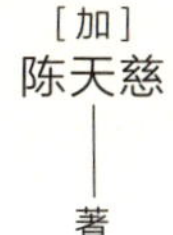

[加] 陈天慈 著

上海文艺出版社

果麦文化 出品

读《我的姑姑三毛》

贾平凹

我在许多地方，比如北京、上海、广州，也在西安，常见一些年轻的女性。她们没有固定的职业，或已辞职了，穿着长衫，脖子上手腕上挂了夸张的饰品，喜欢旅游，在报刊上和微信上写了许多文章。周围人都给我介绍："哈，这是我们这里的三毛！"三十年前我与三毛虽然没有见过面，仅仅是几封书信来往，但这是我这一生的珍贵回忆。世上确实有奇怪的事情，那个蒲公英在风里飘散了，却在多地又落根重生。我也曾想，我之所以总能碰到这些人，可能三毛还在以各种形象和方式让我们交集。便对众多的"三毛"心生亲切，把她们写的文章拿来读，果然都写的非常好，感慨万千。

浙江舟山设了个三毛散文奖，那几乎成了三毛迷们的节日，每届都很热闹。三毛的书一印再印，三毛的故事们是加盐添醋地流传，这是一个作家的荣耀啊。每每收到这样的信息，我便当着三毛的照片致以微笑，向她祝贺。

在众多的关于三毛故事的书籍中，我读到了陈天慈的《我的姑姑三毛》。由衷地说，这是我读过写三毛最好的一本书。陈天慈是三毛的侄女，她有写三毛的优越条件，虽然，三毛在世的时候，她还只是小学生。我并不清楚陈天慈现在做什么事，是不是以写作为生，但即便是第一次写作，她简直是三毛附体一般，写得是那么精彩，尤其是书的前大半部分，三毛的形象是那样的饱满动人，而陈天恩陈天慈又是那么精灵可爱。她们是小姑的跟屁虫，更是小姑的小天使。三毛是特立独行人，三毛的作品以真诚直率示人，陈天慈关于三毛的文章也是一派纯真、灿烂如花。在这个浮华而太做作的年代，这样的文章真是令人喜欢。

我是在一天半的时间里读完这本书，或许它还不该是“三毛传”，或许它是另一种写法的“三毛传”，但它给了我们另一个真实的三毛，我推荐热爱三毛的人都去读读。

贾平凹

2020.7.22 西安

▷ 贾平凹手稿

TO: 天慈

饶雪漫

我的少女时代有两个偶像，一个是齐秦，一个是三毛。这两个神奇的人，用他们的音乐和文字把我一个小镇姑娘的黑白青春硬生生染出了绚丽的色彩，诱惑我到外面的世界去流浪。

后来我就真的去了外面的世界。很长的一段时间，我拥有了自己还算不错的生活和追求，就在我觉得我都快要忘记他们的时候，我认识了齐秦小哥。又因为小哥，认识了齐豫姐姐，又因为齐豫姐姐为纪念三毛而特别举办的“回声”演唱会，认识了三毛的侄女陈天慈。这个比我大六天的女人顶着我“偶像侄女”的光环“哗”地一下空降到我的生活里，竟然慢慢地和我成了闺蜜。更神奇的是，后来我们又一起认识了很多以前很喜欢但从未见过的朋友，一度怀疑是不是调皮的三毛姑姑在天上玩着“连连看”的小游戏。

第一次见到天慈是在洛杉矶，知道我刚到一个人生地不熟的地方，英文又很烂，她特意从温哥华飞来探望我，帮我装打印机，替我当翻译，陪我冲进服装店（真的是服装店）去问人家有没有鼠标垫卖。她还特意选了我家附近的酒店住，每天早上醒了就跑过来，躺在我在宜家买的小沙发上继续睡得昏天黑地，搞得我们好像认识了几百年一样的熟络。我缠着她给我讲三毛的故事，她故意只挑让我嫉妒的讲，说什么在由三毛编剧，齐秦张艾嘉主演的舞台剧《棋王》的演出现场，她骄傲地坐在第一排，当时离长发齐秦只有一米远的距离。我激动地问她什么感觉，她只是淡淡地答：“那时还小嘛，什么都不懂。”

真是人比人气死人，若换成当年的我，两个偶像同时出现在我面前，大约是要激动得直接晕过去的吧。

可能是为了抚平我的创伤，她翻出了电脑里私藏的稿子给我看，说是有一些和姑姑有关的记忆讲不出来，但是写出来了，只是一直很羞涩，不知道该不该拿出来跟大家分享。所以其实，我是第一个看到这本书稿的人，感觉真的很惊喜。天慈和三毛最相似之处，就是可以把一件极小的事或者一个看上去极无聊的人写出很特别的味道来，这种文字的魔力其实是一种沾亲带故的天赋，学不来，至少我不行。

洛杉矶分别以后，我们又见过好几次。说来惭愧，每次都是她主动来找我。我的电影《大约在冬季》上映的时候，她又专门来北京，包了场请三毛迷们看电影，完了还一个群一个群地跑去请大家给我写影评。她真的是那种特别体贴和周到的人，在这一点上狠狠地弥补了我的特别不体贴和特别不周到。她是那种芝麻大点小事都要跟我分享的人，我却是那种但凡有点小脾气就连微信都不想打开的神经病，常常半天不回应人家。不过想到好朋友就是互补型，搞不好她来到我生命里就是要做我的“代班三毛”，帮我平稳地度过我的更年期，我心里对她的愧疚就立刻少了大半。

天慈对姑姑的爱是真的浓烈，只要跟我聊天，总是三句话不离三毛。三毛的书，三毛的文创，三毛的电影，和三毛有关的一切，全都是她的念念不忘。但凡网络上有谁说两句姑姑的不好，她都会难过半天。我有时候会有些心疼地对她说，其实你也该拥有一点自己的生活，你看，姑姑已经走了，而且走了很久了，你的日子不能总是这样围着她打转转，她却总是沉默，也从不责备我总是扫她的兴。

现在，这本书终于出版了。天慈站在亲人的角度来描写三毛，分享了很多旁人从不知晓的和三毛有关的珍贵瞬间，里面每个字都寄托着她对三毛深深的爱和思念，也让大家“心中的三毛”从此变得更加真实和接地气，谢谢愿意出版这本书的路金波老师和果麦，你们做了一件很美好的事。

祝福48岁了依然在乘风破浪的陈天慈，也谢谢每一个爱三毛的你。

2020.8.3 上海

她和她

陈圣

我的姐姐，陈平，你们叫她三毛。我的二女儿陈天慈，是这本书的作者。三毛给我写了一篇《他》，把我写得铁汉柔情，如今看来更是老泪纵横。现在天慈也写了一篇《又见胖胖的他》，让我想起那个和我从小吵到大的姐姐，我们俩都是让父母头疼的孩子，她活出了精彩的人生，我也有我平凡的满足。

从没想过有一天我们陈家会有人继承三毛的衣钵走上写作的路，尤其身为她爸爸的我也不是个爱看书的人。我也不知道这会不会是天慈唯一的一本书，但是她对姑姑的用心，却是我们有目共睹的。

女儿，老父亲一定会努力把你的书一字一句看完，细品，也谢谢你的付出。愿你在写作的路上畅游尽兴，享受其中。

父字

2020.8.8

目录

我们怀念的您

我们怀念的您

三毛一直是个幽默的人，她的荷西也有着西班牙人的热情和风趣。他曾对三毛说“雨是天上下来的粉丝条”，我小时候听到这儿就常在想，下大雨时张嘴就能吃饱吧！

我倒觉得雨是情人发来的信息，总在你没防备时发来，常常一发就好多条，也不管你是不是在线准备好，他想发就发，有点任性和小调皮。敏感的人听出其中的急切和渴望，热恋的人听出爱意和想念，三心二意的人听出试探和怀疑。

三毛是重感情的人，在雨季里写出了年少的暗恋——《雨季不再来》，那种单纯的喜欢和远远的欣赏，确实是现在来匆匆去匆匆的行程里很奢侈的花费。今天的我在新年刚过的日常中静下来，听到惆怅和怀念，这是每年都逃不过的来自心底的情人的信息。

这就是我的小姑，你们认识的三毛，那个传奇女作家，旅居他乡的独立女性。我从小认识的亲人、玩伴，用独特的方式带领我成长的人。小姑如果在世，也有七十七岁了，虽然我们都很难想象那个留着两个小辫子，说话轻声轻语，勇敢追爱，充满好奇心和童心的三毛有一天也会变老。她用她的方式在我们心里冻龄，今天我们用我们的方式让她重生。

十三岁小姑因为不适应当时模板式的教育体系，选择休学。十四岁她开始写作，当时的作品多半是少女对初恋的期待和懵懂人生的观察，有着超出同龄孩子的成熟与敏感细致。童年的拔俗，让小姑对我和双胞胎姐姐的教育产生了很多启发。

我们常常一起去东方出版社书店，在那儿一待就是一个下午，直到抱着一箱箱的书籍往车上搬才愿意离开。阅读是受小姑影响的好习惯，写作却是小姑和我都没想到的一条路，早在那些我和姐姐陪小姑在房间笔耕的深夜，悄悄种下了因子。

小姑二十四岁去西班牙留学，认识了一生挚爱荷西，也开始了对异国生活的记录。《撒哈拉的故事》至今以各种文字在国际上流传，除了中文版，还有英文、西班牙文、日文、荷兰文、挪威文、越南文等版本。二十四岁的我来到加拿大

▷ 三毛在西班牙塞戈维亚

▷ 三毛与荷西在撒哈拉沙漠的家中

温哥华，踏上异国的土地，没有小姑当年环境上的艰苦，却深知小姑当年文化差异上的难处。也许这是命运的安排，又或者是小姑不想离开我们吧！

1979年，小姑短暂回台北时，我已上小学。初见时觉得很陌生，害羞的我不敢直视她，敏感的孩子偷偷看着这位和其他家人完全不同的小姑。渐渐地小姑成了会开车带我们到处走的玩伴。常常会遇到很多读者看到小姑兴奋地尖叫，或者叫出我和姐姐的名字呵呵地笑。看到学校里的老师对小姑的崇拜，我和姐姐才对这位平常很随和的玩伴刮目相看——原来她在外人面前是个大人物，原来很多人抢着买她演讲会的票，很多人以她为人生标杆学习仿效。那位每天接近中午要我们两个小孩叫起床的大孩子，走入我们的童年、青少年，直到如今还是我们身上的标签和心里的印记。

我虽然没有亲身参与小姑和荷西姑丈在西班牙的相遇，雪地上的六年之约，结婚后在撒哈拉沙漠的生活，却在她书里不忍心地读到她的辛苦和坚强。在1970-1980年代的华人世界里，小姑是读者的眼，带读者看世界。她开了扇窗，无意间做了先锋，在远方留下足迹。作为把中西文化交流渗在生活里的平凡人，她只是实实在在地过日子，却活出当时千万读者想要的样子。

前阵子圣诞期间我看了一部激动人心的动画片《寻梦环游记》，这部动画片摆脱那种一切都很完美、甜蜜的大主流，拍出了大胆的体裁，着实引起我的注意。电影源自墨西哥的亡灵节故事。讲述了一个热爱音乐的十二岁男孩米格不放弃梦想和亲情，帮助逝去的亲人找回尚在人世的亲人并得到谅解的故事。电影中提到当人世间最后一人都忘记逝世的家人，不再看他的照片，不再谈论他，不再想起他，灵魂就会被关在“遗忘区”，再也无法被人记起，也永远无法投胎。电影有着丰富的文化色彩，满满的拉丁风情和神秘感，还带点小诡异。相信每个人在看这部电影时，都会想起自己逝去的亲人，担心他的现况。我虽然没有来世今生的概念，却在电影中看到生与死的乐观面和现实面。

死亡是一个很多人不敢、不愿意触碰的话题，其实是源于未知和害怕。逝去，是一种突如其来的无奈，没得选择只能接受，任你再不愿意，也得向上天的决定投降。活着的人不舍，逝去的人又何尝不是？双方怎么放下，也许永远不会有人知道答案，只有用时间慢慢埋葬，眼不见心不想的逃避是大多数人的自救机制。时过境迁，再想起时不会再有当时的热泪，取而代之的是沉沉地压在胸口的闷，不用多说，也不想多说。

小姑走的时候是在我高三那年，心情被模拟考试烧坏，那是其他什么事都不敢想，天真地以为上了大学就一切都会好起来，所以努力忍耐的年纪。1月4日那一天，回到家时家中空无一人，这很不寻常。被课业压够了的我和姐姐虽然感到奇怪，也为突如其来的宁静感到放松，谁也不想理谁，各自待在客厅的一角。那是没有手机的年代，等待是唯一的选择。我们无意识地开着电视当作背景音乐。正值傍晚的新闻时段，此时电视里放出小姑的照片，很大一张，她笑得很灿烂，双手合十，微卷的头发自在地垂下，肩上还披着她喜欢的蓝绿色丝巾。我忙着背文言文课文应付明天的考试，并没有放下语文课本，以为又是一次演讲或其他活动的报道，小姑常常出现在新闻主播的口中，我们已经习以为常。此时，粘在墙上的橘色直立型电话却惊人地大响，“叮……叮……”我懒懒地起身，慢慢走到墙边，就在这一秒，从新闻主播李四端先生的口中宣布了小姑的噩耗，一时间我没有回过神来，愣住了。

“你们知道小姑的事了吧？”妈妈强忍难过，故作镇定地说，说到“小姑”两个字时还是忍不住透露出哭声。

小时候的我很内敛也比较呆，听到李主播和妈妈同时宣布这突如其来的消息，一个第一次经历死别的高三学生真不知道应该冒出什么话。

“嗯，是真的吗？”我停了一下，抱着一丝希望怯怯地问。

“嗯，是的，我们都在荣总[1]。你们自己在家，冰箱有吃的，自己热一下。”

妈妈交代完就挂了电话，好像生怕再多说几句就忍不住眼泪，在孩子面前掉眼泪是母亲最不想做的事。

1991年的这一天，大人们在医院忙着，一直没空，或者也是不知道怎么开口，所以拖到傍晚才告诉从学校回到家的我和姐姐。当天在学校的我和姐姐浑然不知，还在为了搞不懂的数学和永远睡不够的黑眼圈闷闷不乐，后来想想那些都是生死面前的小事。一个最最亲爱的家人选择离开，大人们除了镇定地处理后事，也只能暂时冷藏心里的悲伤，为了爷爷奶奶，也为了先一步走的小姑，回到家静下来时才能释放，才敢释放，隔天早上起来又得武装得成熟淡定，好长的一天。想想做大人真不容易，总在生活一次次毫无预警的波折中逼自己成长，谁说碰到这种失去时，大人不会软弱和无助？忍耐是成长的标配，挫折是人生的颜料，当人离开时，这些都只是传记里的剧情，不为人知的内心世界已经一起埋

1　荣民总医院的简称。（书中注释均为编者注）

在亲人的心里。

接下来那几天，我和姐姐常常处于失去亲人和玩伴的空荡中，在学校时也感到同学和老师的关心。那天导师王姓历史老师找了班长通知我到办公室聊聊，我心里想：不会在这种日子还要训我那无可救药的数学成绩吧？意外的是善良的老师只是要安慰一个联考生，并建议如何面对大考在即和人生中第一次失去的课题，还有媒体上的报道和家门口日夜守候的记者。我无法记起她跟我说了什么，只记得她自己也很难过，数度哽咽，因为小姑来学校演讲过几次，全校师生早已把她当自己人。我只是直挺挺地站着、听着，不想回话，心里还是感激的。

上课铃响时我才跑回教室，感到许多目光投在我身上。回到座位，桌上放了一堆小纸条，白色的、黄色的、粉红色的，折成小纸鹤或简单的对折，那个年纪的女校同学特别温暖。那堂英文课我什么也没听进去，下课铃声一响，立刻打开纸条，同学、老师们背着我偷偷写好一字一句安慰和关心的话，再偷偷给我，事后也没有人再用言语多说什么。小姑替我选的学校，六年了，今天这个学校的师生们替你安慰了你的两个侄女，她们也想念着你。

放学回家时，总是胆怯不敢去本该每天报到的爷爷奶奶家。一直坚强保护小姑的爷爷奶奶，此时此刻该如何坚强面对这一切，想到这些，我不知所措。最后还是挤出勇气跟着爸妈去了爷爷奶奶家，只能尽尽陪伴的孝道，除此之外惭愧地帮不上其他的忙。我从小不是个甜言蜜语、会讨喜的孩子，默默在旁花时间陪伴也是当时的我唯一能做的。奶奶拿着手绢，眼泪没停过，嘴里说着“妹妹，你怎么先走了”。

我们不知道怎么安慰，只知道安慰也是多余，只能在旁边杵着。在旁叹气的爷爷是很了解小姑的人，他忍着悲伤和大姑、爸爸、叔叔们商量后事，让心疼的小女儿走完最后的一程，希望合她的心意，是这对很不容易的父母能给女儿最后的爱和宽容。

丧礼上一堆的记者，哭声混着嘈杂声。我在心里问小姑，会不会太吵？她一向不喜欢人多的场合，但也矛盾地希望见到爱她的人记得她。这是一场没有剧本的戏，出乎意料却只能接受永远没有续集的结局。

这几年每到1月4日，我常常在三毛读者的微信群、微博、朋友圈等处看到大家对小姑的怀念。小姑走了快三十年了，还是有很多人没有忘记她，甚至很多年轻朋友也在时时刻刻说着她的故事，念着她的好，传扬着她的善。三毛的作品——书、电影、音乐剧、歌曲、演讲录音和访问，都是她的人生，她的信念。她和荷西姑丈柴米油盐中的爱，她走过

▷ 三毛和父母

的路，她对亲情和家乡的思念，都是她留给我们的足迹，是她贴心为我们留下的想念她时的凭借。

在这里，我的文字也许会让你再次陷入想念，而我更想转述的或许是小姑想说而没机会说的话："谢谢你们的想念，我去找荷西了。你们要好好生活，偶尔想起我时，请记得微笑和保持自由的灵魂。我的形体已离开，你们的人生要好好继续。"

爷爷曾在一次访问中说，小姑只是从人生的火车上提早下车，每个人有每个人的终点站。旅途中相伴一场是缘分，是遇见，是给彼此交集的机会，分开后想起的悸动，是只有你和她才懂的心理交流。前几天，荷西姑丈的六姐卡门和友人捎来圣诞的祝福，通过网络用中文和西班牙文串联起对三毛的各种怀念和喜爱。我终于安心了，小姑不会被遗忘。三毛在用她一贯充满幽默和创意的方式带领大家，体会人生的美好与遗憾。故事未完，她的足迹永不消失。

当这本书出版时，我也到了当年小姑离开我们的年纪。是巧合，还是注定？怎么都好，能够把这缘分传承继续下去，都是欣慰的。

如果你也和我一样想念她，偶尔在忙碌的夜晚不小心抬头看到星星也会想起她的名字，她就一直都在，就在那块我们默默为她耕耘的梦田里，就在那棵经年累月开枝散叶的橄榄树下。

我们的家

《撒哈拉的故事·白手成家》节选

其实，当初坚持要去撒哈拉沙漠的人是我，而不是荷西。后来长期留了下来，又是为了荷西，不是为了我。

我的半生，飘流过很多国家。高度文明的社会，我住过，看透，也尝够了，我的感动不是没有，我的生活方式，多多少少也受到它们的影响。但是我始终没有在一个固定的地方，将我的心也留下来给我居住的城市。

白手成家前传

前阵子在温哥华听了一场李健的演唱会，很少坐满的体育场来了五千多人，从年长到年轻，男男女女，堪称华人盛事。演唱会的前半段，有首歌缓缓入耳，却意外地在我心里造成不少不少震撼。

> 多少人曾爱你青春欢畅的时辰，爱慕你的美丽，假意或真心，只有一个人还爱你虔诚的灵魂，爱你苍老的脸上的皱纹。

曾经好傻好天真的我，一直不太敢想我老了的样子，这是一个自我屏蔽的话题，好骗自己还像心里那个小孩一样的呆萌。身边的中年女粉丝如痴如醉大声地合唱，眼里泛着泪光，是为歌声感动，还是和我一样在音乐声中鼓起勇气面对“老”这个非自愿现象？终于有人替我们倾吐出心里的彷徨和害怕，一群人在黑暗中抱团取暖。那些好不容易才放下的成熟矜持，化成释放出的热情，但愿一字一句能唱回那些握不住的岁月流沙。

曾经以为永远用不完的青春，一点点偷偷地被拿走，不小心在黑发上留下白色的痕迹，在脸上滑过一道道皱纹，不管你是一代巨星还是平凡如我，都只能乖乖就范。身边的追求者渐渐向“九零后”靠拢，美颜相机亮度拼了命往右拉，却再也起不了多大作用，只剩下准时醒来的凌晨和放不下的保温杯里的枸杞茶。

散场后回到家，打开电脑翻出几张爷爷奶奶的旧照片，想起至今仍烙印在我脑海里的那些零碎记忆。

“小妹，快点，阿娘进了荣总，我们现在要过去，这时

△ 左起依次为三毛、三毛父母、作者姐姐陈天恩、作者及作者的母亲魏春霞女士

间很会塞车。”妈妈刚刚从公司赶回来，匆忙做了晚饭，收拾过后就催着我和姐姐往公寓楼下走，手上拿着大包小包，爱美的她还执意穿上高跟鞋，又是一个下了班还要在家上班的职业妇女，称职的母亲和好媳妇。我们飞快上了爸爸早就开过来停在楼下的车，后面开来的车闪了大灯，爸爸不等我把车门关上，心急地就踩下油门往前冲，坐在后座的我从大人的心急感觉到奶奶病情的严重。奶奶在小姑走后的几年，虽然表面上恢复了正常生活，但没多久就病了，癌症，还不只一处。

我们先从南京东路开到健康路去接爷爷。爸爸把车停在楼下，我和姐姐跑进去示意管理员开门，冲进大厅，按了电梯往十四楼上去。电梯门一打开，惊见爷爷已经西裤加白衬衫，穿戴整齐在门口等了，显然也是担心奶奶吧。他不知道在电梯门口等了多久，却没有半句埋怨。我刚刚出门前真不该挑了一双要花两分钟系上鞋带的球鞋，让爷爷多等了两分钟。

“阿爷，门锁了吗？”

“你去看看。”

比我大个七分钟的姐姐总爱指挥我，而我总是傻傻地听她的话。确认门已锁好，我再冲回电梯里按下往下的按键。

一路上三代人没人开口多说什么，这条路我们五人已经不是第一次一起走。言语已是多余，安慰也只是浪费，只剩下爸爸偶尔打的方向灯“哒哒”作响，提醒我们生活就在夜晚的赶路中轻轻刻下一丝痕迹，并留下一家人在一起好的、不好的记忆，像电影中空白的情节，缺了剧本，演员随心所欲地真情发挥，然后意外地成就印象深刻的一幕，至今难忘。

▷ 三毛父母

奶奶是个出了名的大好人，总是带着笑容，从不大声对任何人说话，身边的人很喜欢这位总是穿着合宜的陈妈妈。

小姑曾说："母亲的腿上，好似绑着一条无形的带子，那一条带子的长度，只够她在厨房和家中走来走去。大门虽没有上锁，她心里的爱，却使她甘心情愿把自己锁了一辈子。"

典型的中国传统妇女，家庭就是她的天，丈夫和孩子就是她最大的成就；她忘了还有自己，忘了自己也曾经是父母的掌上明珠，是很多人追求的美女。签了一纸婚约后，为了爱放下一切，再也不觉得自己有多重要，永远甘心做家里的配角，在家人心中也永远享有最重要的位置。

常常有人问我，你爷爷奶奶是怎样的父母，能够培养出三毛这么独特的孩子？我从爷爷奶奶对我从小的隔代养育当中，体会出爷爷奶奶的“养”孩子除了照顾好吃穿之余，身教大于言教，却很少对孩子要求什么。

1981年小姑回台湾，在年幼的我眼中这是一个洋气的陌生小姑，浑身上下都和我们不同。有一次在奶奶家的一个炎热午后，放暑假的我和姐姐在奶奶的怀里肆意地撒野，享受满满的溺爱，仿佛有奶奶的天空就不会有忧伤和分离，只有无止境的欢乐和宠爱，做什么都不会被阻止，生活如此美好。

此时，小姑突然推门进来。我们两个孩子和这位刚回台湾的家人还不太熟悉，加上我从小个性格外害羞怕生，即使心里对这位遥远地方回来的亲人有所好感，也只是远远遥望，暂时没敢接近。小姑身上异国的香气，满是破洞的牛仔裤，五颜六色、披披挂挂的衣服，怎么看都和走气质路线的妈妈很不一样。小小年纪的我算是开了眼界，在旁默默观察。

“快叫小姑！”奶奶开口了。

我和姐姐躲到奶奶背后，极小声地冒出了一句“小姑”。

“姐姐妹妹，小姑回来了。快过来给小姑抱抱。”小姑用她细细的声音笑着对我们说。

奶奶移了一下身体，好让小姑看到我们两个恨不得不被看见的孩子。我和姐姐怯生生地慢慢走向小姑，小姑左手天恩、右手天慈，一把把我们紧紧搂进怀里，抱得好紧，紧到我们都能挤出水了。这是小姑在历经人生变故时，回到家后的眼泪，我仿佛感到身后的奶奶也在擦拭欣慰的泪水。出走的女儿，害羞的孙女，勇敢的母亲，宽容的祖母。

后来在小姑书中看到她描述这一次的相见，得知她因为我们两个不会表达内心戏的小孩看似无情的迎接而受了点伤。文化差异加上个性使然，还有当天闹哄哄的混乱场面，九岁的孩子一时间不懂如何处理内心的好奇，反倒化成了外表的木讷和呆滞。所幸孩子毕竟是天真、真诚的，在之后的相处中也慢慢打开心房，渐渐爱上了这位洋小姑。

奶奶也多了一位帮忙带孩子的大孩子，小姑和我们两姐妹，三个小孩彼此取暖，互相影响。谁说小孩不会影响大

▷ 童年时期的作者姐妹俩

人，小孩只是用最直接的方式给了大人小小的温暖。现实生活中的孤独，失去伴侣的痛，都在每晚的一句“小姑，我们等你回来”中消散，漂泊的灵魂得到停留的理由，尽管传统的奶奶和洋派的小姑常常有教养上的意见分歧。

一次晚饭后在客厅中闲聊，小姑跟我们说了爷爷奶奶从大陆到台湾的故事，一个时代变迁下小市民充满无奈却咬牙坚持的故事。

“你们知道爷爷的爷爷是做什么工作的吗？”

小姑问我们两个舔着红白百吉冰棒的小孩，努力用有趣的问题引起我们的注意和好奇心，再附上一个美丽的笑脸。

“不知道，是清朝人吗？”我抢着说，一根冰棒也快吃完了。

姐姐说：“跟阿爷一样是律师吗？”

她手上的冰棒还没吃完，我一直盯着它看。奶奶早看出我的小心思。

“不能再吃冰棒了，一根够了，当心肚子痛。”

小姑一边咬着生的红萝卜，一边拿过来，要给我也吃一口。经过的爸爸狠狠瞪了她一眼。

“不能给小孩吃生的东西，小心有细菌。”

小姑说：“不会的，在国外我吃了很多年。”

“你的胃和脑都跟一般人不一样。天慈，别吃。”

我屈服在爸爸的威严下，不敢从小姑手中接过那半根红萝卜。

“快点说呀！小姑。”

姐姐开始不耐烦了。我倒无所谓，反正我的冰棒已经吃完，可以专心听故事。

小姑很爱讲故事，如果她有空可以天天照三餐地跟我们讲，我们也很喜欢她说的各式各样的故事。

“爷爷的爷爷，也就是你们的曾爷爷，以前在上海可是很成功的商人，赚很多钱喔！”

听到这个开场，我很有兴趣，往小姑那边移了一下身体。

小姑继续说：“我们祖籍是浙江舟山定海，你们知道这地方吧？就是一个江南的省份，离台湾不远，很漂亮的地方，希望有机会能去看看。”小姑若有所思地想着故乡，“那时候，也就是清朝末年，你们曾爷爷是个很努力的小孩。家里让他念书到十一岁，后来富有冒险精神的曾爷爷因为不想待在乡村里，就放弃学业跟着堂兄坐船到上海打工了。那么小的孩子一个人在外面，很多人都不给他工作，说你这孩子能做什么？还要吃我一口饭。他只能到人家家里做些零活，有一顿没一顿地生活，可是还是肯吃苦，认真努力。”

小姑话才开始，很快进入故事的节奏，讲话速度越来越快，一口气说了一大堆。我还在脑袋里消化“上海”这个新名词，她又抛了个“浙江舟山定海”给我。我一时间不太明白，只好选择略过，就想赶快知道曾爷爷到底是做什么的，至于这些地方可以长大后再去看看。

“你们曾爷爷叫陈宗绪，小名叫作小番薯。”

小姑知道我们爱吃番薯，刻意停下来。我和姐姐呵呵笑得互相推挤，说以后再也不吃番薯了。

“小番薯十七岁时，有一天在码头闲晃，遇到了一个英国人。英国你们知道在哪里吧？很远的地方，离小姑的家西班牙很近。”小姑不停说着。

奶奶打断了她：“你的家在这里。”奶奶的口气中带着提醒和不服。

“姆妈在哪儿，我的家就在哪儿。”小姑赶紧聪明地回了一句。

当时的我不懂这短短对话的含义，大人总在不经意时说出心里最想说的话。对这个流浪在外很多年的女儿，奶奶必定是心疼的。母亲总希望儿女一切安好健康，女儿一个人只身前往远方，这绝对不在一个母亲能接受的规划里。然而，对女儿的无限支持却让一个甚少表达意见的母亲力挺女儿的决定。

所有被人们传颂的伟大传奇背后，都有隐忍着思念和担心的父母。所有义无反顾为爱走天涯的爱情里，都有父母夜晚的无私体谅与包容。当三毛享受掌声和欢呼时，家里总有人为小姑付出的健康担忧，因而熬上一碗养生的鸡汤。爷爷奶奶也许不懂小姑的梦想，不懂她的追逐，却懂她一步步走来的艰难与从脆弱到坚强的被迫成长。虽然心疼，但也只有支持。

我和姐姐倒是聊起天了。

“我长大要去英国，然后去小姑的西班牙。”

“我也要去。”

“你不要跟着我，不让你跟，你每次都学我。”

小姑不管我两姐妹在吵闹，继续说道：“曾爷爷在码头碰到的那个英国人看他身体不错，就要带他去跑船，跑船你们懂吧？就是在船上工作，船开到哪儿就去哪儿。不会说英语的曾爷爷就跟着这英国人去全世界跑船做生意去了。”

我问：“他去了什么国家？”

小姑说：“很多国家，像是地中海、红海、印度洋附近的国家都跑过，跟小姑一样去了很多地方，只是小姑是坐飞机，曾爷爷坐船。”

“那我们爷爷是在中国出生吗？”姐姐还是问了比较实际的问题。

“是呀！曾爷爷跟这位英国人学了很多经商技巧，回到陆地上后做起了生意，成为江南的水泥商人，白手成家。后来，生了大爷爷和你们的爷爷，再后来……”小姑回答。

爸爸从不听小姑讲故事，这次也没听，只是在九点钟准时走过来催促我们快快睡觉。

小姑从来不理爸爸对小孩的管束，说了句：“到我房间继续说，转移阵地。”

“哈哈，转移啦！我们偷偷讲。”我边说着，边跑到小姑房间。

爸爸在后面大喊：“不要再说啦，早点睡觉，小孩子要早点睡。”

我们才不理他，各自在小姑卧室旁的小客厅里，乖乖躺在妈妈在地上铺好的床垫上，闭上眼静静等待小姑进来说故事的续篇，梦中等到的却是小姑的叹息和稿纸翻来翻去的声音。

夜猫子的小姑常常是挑灯夜战写稿到天明，也许是夜晚的宁静能帮助她清除白天的杂念，也许是夜晚她才能允许情绪进入自己的内心。写作是面对自己的过程，常常要一层层剖开，把真心给读者，往往得先把自己扒几层皮，所有的伪装都得诚实地卸下。小姑当年就是因为常常熬夜，加上长期写作造成了背和肩的老毛病，常常喊痛。奶奶总偷偷在门外张望关心，知道就算叮咛了再多，沉迷于文字的小姑也听不进去。奶奶只能默默在外守候，守候这个特别的女儿的兴趣和坚持。

有一次晚上，一辆经过的救护车的鸣笛声把我吵醒了。那晚我睡在爷爷奶奶房间，懒得爬起来，就听到了爷爷奶奶的对话。

“妹妹好不容易回来，又在想着跟《联合报》去南美洲了。她那背总是痛，偏头痛也总好不了，都是因为睡得不好，压力大。”奶奶低声说，“这读者的信那么多，每封都回要花很多时间。她也总是不好好吃饭，营养不够，在沙漠那种地方也没可以吃饱的东西，寄去的补品我看她根本没动过，又舍不得丢，带回来了。”奶奶一口气说了一长串在小姑面前未曾念叨过的话。

今天大姑和叔叔一家人来奶奶家吃饭，奶奶在厨房进进出出地忙了一整天，生怕我们哪一个没吃饱，出门没穿暖。虽然未曾和我们聊梦想，也不过问我们小孩的课业、子女的事业，她却把实实在在的爱都放在朴实的柴米油盐里了。

旁边的爷爷在看报纸。

“这孩子就是不一样，上帝给我们的任务就是养好这个恩赐的孩子，她不属于我们的，她有自己的路。她心里的苦不是我们能弥补的，她在我们面前的平静也是在压抑，是她的孝顺，只要她快快乐乐地活着就心满意足了。”

爷爷说完把报纸整整齐齐地折好，放到旁边的床头柜上，关上了台灯，转身躺下，像做完了一场结案陈词，冷静中带着父亲的骄傲和释怀。

爷爷是个严谨却又风趣的人，从他的字迹就可以看出，诉讼卷宗也总是整理得工工整整。每次我们小孩吃完饭要下桌时，总会礼貌地说一句“大家慢慢吃”，爷爷总爱回一句“已经吃很慢了，还要慢呀！”他的幽默全给了最亲近的家人，换来一阵阵开心的笑。我想，小姑文章中的小趣味，应该也是遗传了爷爷的大智慧吧！

听了爷爷的话，奶奶翻了身，正脸朝向偷偷醒着的我，黑暗中我嗅到一丝泪光的味道。我不敢出声，我太渺小，小到无法安慰奶奶，也不知道该如何安慰，因为坚强的他们并不希望让子女看到自己在夜晚的脆弱，更不用说是年幼的孙女。每对父母和每个子女都不同，都需要学习相处，慢慢学会谁也不属于谁，却能彼此相爱与相容。

爷爷奶奶在我的成长过程中扮演了至关重要的角色，就像冬天的暖被子和软软的枕头，躺在中间都是被爱的满满幸福。爷爷奶奶对小姑的爱都表现在平常的吃喝穿衣中，平淡无奇，却在小小年纪的我的心里留下深深的感动。有一天我们都会老，到那时候都会理解我们年老的父母、祖父母。小姑走时正值我现在这个年纪，也许到这年纪的她也会有同样的体悟。

我们到了荣总已接近八点钟。奶奶躺在床上被病痛折磨得很虚弱，骨瘦如柴的身体让脸上的氧气罩显得很大。小姑在后来说的曾祖父白手成家的故事续集中提到，当年爷爷奶奶带着三个孩子，从大陆坐船经过几天几夜来到台湾。一路上奶奶晕船吐到脸色发白，还是抱着几个孩子不肯放，一路到台湾落地。这个坐船的情节，小姑后来写进了《滚滚红尘》的剧本里，也算是另一种记录了。

爷爷走近床边，举起颤抖的手轻轻抚摸奶奶的白发，一句话也没说。我们在旁边看着，也不忍打破这沉默。爷爷扶着床沿，很辛苦地慢慢弯下腰，低下头，在奶奶的额头上留下一吻，定格了几秒钟的深情款款。昏迷的奶奶内心应该在流泪吧！一个中国传统观念下的大男人是放下了多少面子和自尊，才能在子孙面前对妻子如此直接大胆地表达爱意。也许，他明白这是最后一次的温柔了。

当你老了，头发白了，最舍不得的还是她为这个家苍老的面容，和再也还不了的那份恩情。

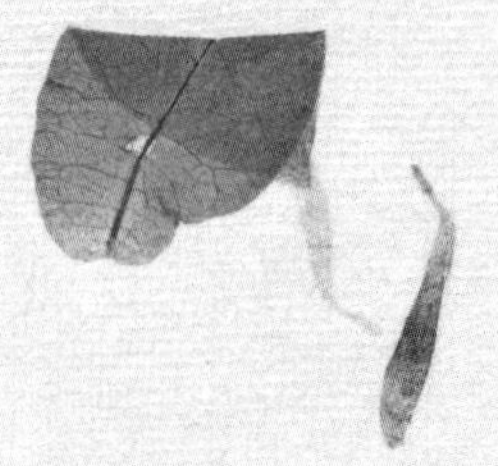

《送你一匹马·说给自己听》节选

深夜的机场下着小雨，而你的笑声那么清脆，你将手掌圈成喇叭，在风里喊着弟弟的小名，追着他的车子跑了几步，自己一抬就抬起了大箱子，丢进行李厢。那个箱子里啊，仍是带来带去的旧衣服，你却说："好多衣服呀！够穿整整一年了！"

便是这句话吧，说起来都是满满的喜悦。

好孩子，你变了。这份安稳明亮，叫人不能认识。

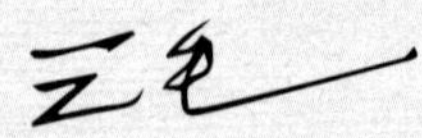

洋小姑

小姑在世的年代和现在截然不同，那是一个没有互联网的年代，没有社交媒体，没有即时的联系，没有全球资讯的快速传播。与现在相比，那是一个很慢的年代，资讯不对等，有很多的等待和想念，对于我这急性子来说肯定会很折磨，还好当时年纪小。

现在这个吃顿饭都是一堆数据的年代，本来就不多的时间被切成碎片，然后有成堆的小道具帮助你打发它们。有一回我闲来无事，在看小视频，在这里奉劝各位，还真得小心这些看似不起眼的短短的小视频。小则杀你一个晚上，大则杀了你一整个周末，后悔莫及却又爱不释手。

那天手机屏幕弹出的是天王周董，开了个地表最强演唱会，最后有个环节是和粉丝互动，让粉丝也能参与合唱，很贴心的安排。其中很多粉丝兴奋地一再强调的都是同一件事——周董对他们影响很大，是他们的青春。男同学每次成功与不成功的表白，都有他的歌作主打歌；每次被老师罚站，都想起他的音乐影片，悲壮又得意地以为自己是主角，可惜经过走道的女同学，一个也没注意到耍帅的自己。一个人能影响那么多陌生人，跨越年纪和地域，实属不易，所以说小时候乖乖听妈妈的话是有好处的。

三毛在世时，没有什么地表最强演唱会，也没能和粉丝一起合唱，却是一代人的青春。小姑平常和家人一起时，也会随口哼哼唱唱。有一回全家人去游湖，凉爽的夏夜，一家人在船上，徐徐微风夹着少许湿气，衬着水流的声音，小姑轻轻哼起了一首我没听过的歌。

“每个人心里一亩一亩田，每个人心里一个一个梦，一颗啊一颗种子，是我心里的一亩田……”

我想心里有块田！我要去你心里耕田，施肥撒种，长出美丽的花，然后好好灌溉它，保护它，就像小王子细心呵护照顾他的玫瑰花。虽然当时没有自媒体的快速传播，很多回忆也没能用影音记录，但三毛有的就是从书上一字一句细腻刻画出的情感，加上读者综合自己的生活经验，投射出对未来的期待，对爱情的渴望，对世界的好奇，本本创作都是三毛和读者的集体创作。

一直有很多朋友跟我说，三毛更像是一个一起分享成长的小伙伴，一个闺蜜，一个在远方的朋友，一个替你说出真心话的、在当时社会中勇敢做自己的女人，一个帮你实现梦想的人，一个替你先去国外探探路，体验一下再回来手舞足蹈地跟你说故事的旅伴——三毛是真实又遥远地存在着。

1979年，全家人一起去机场接从西班牙搬回台湾的小姑，只记得那是我人生中第一次见到那么拥挤闹腾的场面。爸妈拉着刚上小学的我和姐姐，整个现场闹哄哄的。我记得以我当时的身高，眼前高度就是那些机场里用来分隔人群的红色绒布线和可伸缩绳子的栅栏，而且其中很多都被推倒了。一堆男人穿着西裤的脚，还有女人为了工作在这种场合还要穿高跟鞋的脚，跑来跑去，匆忙而谨慎，杂乱又严阵以待。也不知道他们在嚷嚷着什么，好多人拿着摄像机，当时没有无线麦克风，都得拖着好长的电线。

当时还小的我生怕被电线缠住，紧紧抓着妈妈的手。虽然不确定是什么事，但我直觉家里出事了，远方的那位小姑要回来了。这些人都是记者，个个神情紧张，好像等着猎物出洞，然后张牙舞爪地扑上去。我们家人也在等候，却感觉到不同氛围，更多的是悬在空中的担心和准备好保护小姑顺利出关的架势，本来流动性很强的机场，此时这群人却聚集着停滞不前。两军对垒，我军明显兵力不足。

“来了吗？那个戴帽子的女人是三毛吗？”

“不是，那是个老外，你昨天没睡好吗？”

两位男女记者就在旁边说着。

爸爸说：“这场面，我们都看不到人了，小姑下飞机一定累坏了。你们两个小的抓紧呀，别跑丢了，人太多了。”

爸爸皱着眉头，他总是容易紧张和不耐烦。我和姐姐如临大敌，不敢出声，紧紧跟着，小手紧紧被大人抓着。我看着眼前穿着黑色西裤和黑皮鞋，不停踱步的脚，他每踱一次，我就得顺着他的节奏闪躲那跟着移动的电线，以免自己被缠绕进去。孩子的视角和记忆总停留在一些不相关的小事和小画面上，却记忆犹新。

不知道等了多久，小姑终于出来了。她拿着纸巾，掩着脸，不知道是在哭还是因为刚下飞机很累。所有人以最快的速度有计划地将她层层包围，密不透风，包括本来在我眼前的那双脚，他的电线在混乱中居然也没缠上任何人，专业素养也是了得。小姑憔悴的脸被无情地凑上来的一堆麦克风团团围住，对肚子早就很饿的我来说，这看起来像很多层的冰棒，小姑却显然不太喜欢。

“三毛，三毛，能否聊聊你现在的心情？”

“能谈谈事情是怎么发生的吗？”

“你打算回来长住吗？”

一堆声音好像交响乐，分好多声部，和谐又不冲突地此起彼落，旁边一支支麦克风以小姑为圆心，整齐划一地用同一速度向同一个方向前进。荷西走后，小姑回台，是如此独自面对同胞的慰问。

小姑一句也没回答，我那高大的老爸一手抱住小姑，一手还抓着快被悬空提起的我姐姐，快步朝机场入境大门走去。妈妈牵着我和其他家人在后面追着，我拼命跑着，也顾不得那双小心翼翼保护很久的全新白色球鞋不知被谁狠狠踩了一大脚了，小心思在想早知道今天应该穿姐姐的鞋。

然而，这并不是最后一场和记者朋友的战役，好多年后的1991年，小姑离世时的告别式上也有好多记者。比小时候长高了的我没被电线绊倒，却被摄影师扛在肩上的摄录机撞个正着，当时现场太吵，没人注意到，我也就默默地挤进人群。和小姑相关的大场面，家人总是闹中带着悲伤和无奈，只有孩子在旁边看清了这一切。

小姑回来了，回到成长的地方，家人的身边，带着那颗突然被掏空的心。

回溯到一个多月前，台北的家里也跟着经历了几番风浪。大人们正在为爷爷奶奶的第一次远行做准备。当时的年代，出境游是一辈子的大事，我不确定那是不是爷爷奶奶第一次去欧洲，但我确定的是全家都很兴奋，期待爷爷奶奶去见那位大胡子女婿。

奶奶说："荷西喜欢吃月饼吗？吃的可以带上飞机吗？""妹妹一定想念中国菜，不知加那利群岛有没有中国菜市场，买不买得到材料做烤麸？"

爷爷没回答，把老花眼镜推上额头，看着旅行社给的三联复印纸式的机票，仔细检查日期、时间和班机号码。爷爷做事一向非常细心，那些英文地名都要仔细比对，模拟转机程序，紧张又期待。现在想想当时两位老人家真是身为父母则胆大无惧，这一路旅程不只是飞行的未知，还在无奈中发生了人生旅程的转折，他们却得坚强地面对，心疼女儿也憔悴了自己。那个物资缺乏，没有高科技的年代，情感的维系全靠默默思念，人心也是有着无比韧性，异常的强大，也或者是认命吧！

我和姐姐两个孩子围着行李箱跑着，偷偷翻翻爷爷的衬衫，把袜子塞到箱子里的小口袋，感觉自己像大人一样准备远行，小小参与一下这全家的大事。

"阿娘，小姑在哪儿呀？"我问道。

奶奶回答："西班牙，是欧洲一个国家。"

刚上小学的我和姐姐在课本上看过西班牙，老实说在一阵走神和瞌睡虫袭击中并没听仔细老师讲的那一段地理。当时单纯地想那么远的地方，我是一辈子都到不了的，勉强随便听听，算是给老师一点面子吧！东西不能乱吃，话也不能乱说，哪天你真的踏上那片遥远的土地，遇到以为无缘的

△　三毛、荷西和三毛的母亲

人，才知道凡学过必留下痕迹，脑中还会浮现你的小学老师一副早知道的表情。不知道三毛当年的地理和中文老师是不是早知道她会走遍万水千山，然后创作出无数好作品？

“小姑是和大胡子姑丈一起去的吗？他们会不会回来我们家？”姐姐一边和我抢着翻弄行李箱，一边拨开我故意要捏她的手问着。

奶奶说：“荷西姑丈如果回来，你们会和他玩吗？他不会说汉语呀！”

“没关系，小玉的妈妈会说外国话。”

我一边装大人般地说，一边手还是试图去挑衅姐姐，虽然很难突破她的防线，可还是不放弃地发动攻击。

谁是小玉我到现在也没有头绪。有时候小孩会编造一些幻想的小伙伴，这是后来小姑回来后给我下的结论，也许是小姑的海外背景给我们造成的幻想。

“可不可以把我也带去？或者把姐姐带去，那就不用带她回来了。”

听说小姑住的地方有很多沙漠，那个只在电视上看过的会渴死人的地方，骆驼是不是背上都有两座山？好想坐坐那只大鸟飞机，虽然我有点恐高。

在后来的变故中，爷爷奶奶到西班牙的旅程也少被提起，大人都忙着处理后事和担心小姑的创伤。从机场回到奶奶家后，小姑被安置到安静的房间。为了让小姑好好休息，小孩们也被再三告知不要打扰，虽然过了几天后，我们就已经完全把这叮咛抛到脑后了。我们小孩对从那么远的地球另一头回来的小姑可是非常好奇的。那个遥远的地方住着什么人，他们吃什么，玩什么，看什么卡通，玩橡皮筋跳绳还是无敌铁金刚？我们有好多问题想问小姑，索性每天去小姑房门外张望偷看，趴在门底的缝外偷听。两个小孩窸窸窣窣以为别人听不到，这是一种孩子的天性，一种孩子独特的解决问题的方法，知道看着看着门就会自动开了，等着等着里面的人就会自己走出来。

“天恩天慈，你们在干吗？等小姑呀？”小姑还是出房门了，看起来很累。

“小姑，我们在看你。你会说外国话呀？”我怯生生地说道。刚刚回家的家人对小孩来说还有点陌生。

“你有没有骑过骆驼？”姐姐也鼓起勇气问道。

当时我们只知道这位洋小姑有很不开心的事，全家人虽然关心她，也不敢多问，给她太多压力。但是这种气氛，反而让小孩都感受到说不出的不对劲儿。说完不等小姑回答，我们就冲进小姑房间。一个一直想进去却不被允许的新天地，一位新伙伴，只是房间里少了一颗放在撒哈拉沙漠忘了带回来的心。

一进去是一个玄关，正面是洗手间，左边是卧室，右边是小客厅。左边小姑的卧室摆设很简约，长条形的空间，进门边上放着面对墙的木头书桌，桌上没有太多东西，可能是因为刚回台湾的关系，地上还堆着还没整理好的行李。把放在地上的床垫当床，是小姑一向喜欢的风格，靠墙那边还有矮书架，上头放满的书倒不像是刚回家的人的书架。房里的香味是我不曾闻过的异国情调，神秘而亲切。床上还有很多流苏的披风，这要怎么穿，搞不懂的时尚！我一屁股往床上坐下，把玩着小姑的床单，好像这房间什么都很新鲜。

“你们今天不上课呀？”小姑问起。

我们异口同声说道："放学了呀！"

姐姐说完就跑到对面的小客厅，"砰"一声把门打开。又是极其简朴的设计，木头的茶几，民俗风的小沙发和坐垫，又有一排矮书柜，上面堆满了《皇冠》杂志和一些洋文书。纸糊的灯笼从天花板吊下来，黄色的灯光很温暖，也有点黯淡。

"小姑，小姑，我们可不可以睡在你这里？"

姐姐问起，跟着跑进来的我也一边往地上坐，一边附议。

"我们可以睡地上。小姑，你要不要也和我们睡一起？"我接着提出意见，自信地认为真是个美好夜晚的提议。

"好呀，今天晚上我们三个人睡一起。谁要睡中间？"小姑终于有了点笑容。

"我不要睡姐姐旁边，她会踢我。"我赶快选好位置，也就是心想小姑能睡中间。

那晚，一块地板，三个孩子，两个睡得很香，一个睁眼到天亮，伴着雨声和想见却见不到的月亮。

此后的一个午后，我在奶奶房间里的柜子上爬上爬下，奶奶走进来，我下意识地以为要被骂了。奶奶穿着深蓝色的小旗袍，一条白手绢插在胸前布料交叉的缝里。

"怎么会这样？哎！还是不吃饭？"奶奶边说着边拿起手绢擦眼泪。

我正爬在柜子顶，不知所措地不敢说话。家里的气氛小孩是知道的，虽然帮不上忙，贡献一双小耳朵和无辜的眼神也是一种安慰吧！奶奶走出房间后，我赶紧爬下来，轻手轻脚走到昨晚睡觉的小姑房门口。经过昨晚的敲门成功，这门终于是开着。我有点胆怯地叫了一声"小姑！"还是害怕这天匍匐前进着偷看会不会被发现。

小姑回了一句："天恩还是天慈？"

小姑虽然当时正处在人生低谷，在难过中疗伤，看到小孩还是带着微笑回答，或者是不想吓坏两个每天在门外等候许久的小人影吧！

"进来。"

我和姐姐像等到芝麻开门的指令，其实又有点害羞地跳着冲进这个新天地。书桌上台灯还是像昨晚一样亮着，小姑用的圆珠笔和爸妈买给我们的都不同，小姑的字好随意、好率性，这样斜斜的字体肯定会被学校老师要求罚写的，而且我看不懂那语言。

"小姑，你怎么没有橡皮擦？"

一句冷不防无厘头的问话让小姑笑了。"没有呀，你们给我一个好吗？"

小孩的心灵疗法在这一刻自然地展开，没有特定章法，没有固定脉络，只有一堆童言童语做成的调养秘方。上帝的巧思，大人养小孩，小孩也用他们的方式抚慰大人的无奈和压力。

我大声地说："那边有个文具店有卖很多橡皮擦哦！"

橡皮擦，擦掉悲伤，擦掉奶奶和小姑的眼泪，然后再买几支彩色铅笔，画上新的色彩和笑声，创作出一幅新的画。

"你一定是想让小姑给你买那个爸爸不让你买的自动铅笔，我就知道。"

小心思一下就被我姐无情地拆穿，双胞胎哪个心里想什么坏主意都逃不过另一个的法眼。管它用什么方法，反正小姑愿意走出来就好。很可惜，第二天小姑还是没和我们一起出门，还是选择和我们在小客厅里玩。

我们三人约好下次要去那家文具店。那一天，是小姑愿意踏出家门，踏出心房的一大步，也是我们两个小孩给小姑心理治疗成功的一小步。南京东路的小街道，从此多了三人手牵手齐步走的身影。

想你想成的撒哈拉留在了远方，天下掉下的沙还是没越过太平洋。不起眼的童言童语在每天的日常中慢慢加温，橡皮擦虽然擦不干净那年中秋夜的心碎，却慢慢稀释了悲伤，填补了缺口，用最天真无邪的方式。

《送你一匹马·他》节选

他当然是生命中很重要的一个人。

……

又是一年，我回台湾，父母一同回来的，下飞机，他不知道要跟我说什么，那时候，我心情不好，一路上很沉默。他将我放在前座，开到家的巷子里，他掏出来一把钥匙来给我看，脸上是逼出来的笑，他跟我说：“来，来看你的汽车，买给你的，二手货，可是里面要什么有什么，不信你问我，音响、冷气、香水瓶、录音带……你高不高兴？你看，买给你的车，来看嘛！看一眼……”我快步跑上楼，没有碰钥匙，他跟上来，我说：“以后精神好了才去看——”那辆车，在巷子里风吹雨打了三个月，我没有看它一眼，后来，他没有说什么，赔了三万块，转手卖掉了。

爸爸贴了他钱，他头一低，接下了。那一霎，我眼眶有些湿，他根本没有什么钱，却贴出了财产的大半，标会标来的，给了我。

三毛

又见胖胖的他

小姑在《送你一匹马》这本书中有一篇文章《他》，对我来说意义非凡，写的就是我的父亲陈圣，陈家的长子，一个当年的胖子，现在的瘦子，虽然他总是说自己有个小肚腩。

小姑和我父亲看似是两个世界的人，一个清晨，一个黄昏；一个敏感而细腻，一个敏感而豪爽；一个是清高的文人，一个是市侩的商人。从小两人就水火不容，吵架、打架天天发生，看似互不熟悉，内心却彼此关心。姐弟间的情感，从不说出口，却在生命的关口彼此帮助，影响深远。

爷爷奶奶的四个孩子当中，三毛排行老二，上有个姐姐，我父亲排行第三，下有一个弟弟。我父亲和小姑各有各的叛逆，都没让爷爷奶奶少操心。小姑的叛逆是由内到外的，内在精神层面的超常发展，以致成长后的人生也不走寻常路。那个躲在阁楼中写作读书的女孩，心却飞到遥远的沙漠。十三岁休学，诗词书画，中外文学，样样喜爱，事事精通。她的内心世界就是她的一切，大过外在的冷暖阴晴，在外面的人很难推开这扇门进去，即使她对人总是维持友善的客气。

△　三毛的大弟弟、作者的父亲陈圣

我父亲却是个不重视精神层面的大俗人，喜爱美食、美女，年轻时最大的兴趣就是多赚点钱，多买几栋房子，年老时最希望家人平平安安，身体健康。他常常会在冲动时血压飙高，也常常会放下身段哄老婆孩子。一位所谓的公司老板，自己做的事却总比员工还多，工作时间最长，只因为要让员工能早些回家陪家人。到现在他还喜欢看美女，却每天发一篇对老婆的感谢文，情话说得我母亲都会背上几句。

就是这样两个极端的手足，激荡出的火花如此冲突而灿烂。

这样的两个人都让父母头痛。一个不适应当时的教育体制，以致宽容开放的爷爷让小姑在家自学，甚至当时其他兄弟姐妹都不知道小姑休学没去上课，以为只是短暂地在家养病。另一个虽然不爱念书，倒是有学上，常常翘课，跑去打撞球、看电影、泡妞，街边掷骰子、抽香肠[1]，每天都潇洒快活。好一个翩翩公子哥，还搞不懂这位二姐为什么总是闷闷不乐，有那么多的不开心，在他心里女同学的一个微笑都能让他开心好几天，大男孩的人生就是这么简单而美好。他和家里的二姐也没太多话说，却总关心晚归的她是否安全到家，口气却是不讨人喜爱的。青葱岁月里的姐弟，表面上互相不对盘，看不顺眼，心里却希望对方过得好。

小姑回台湾定居后，已经步入社会的我父亲给她买了一台白色的小轿车，不懂表达感情的年轻男人，送份大礼已是最大的表白，初出社会手头不宽裕的他，想必为了情伤的姐姐，也真是咬紧牙对自己狠下心了。这是他对家人的照顾，怕回家的姐姐没车不方便，也希望姐姐早日熟悉台湾的生活，忘记悲伤。伤心的小姑当时看了车一眼，并没有接过车钥匙，等着看姐姐欣喜表情的弟弟并没有等到期待的感谢。她对物质一向看得很淡，尤其在失去丈夫之际。一对不同世界、不同追求的姐弟。物质虽补不上内心的痛，却代表另一人的用心，做姐姐的何尝不了解。两人长大后，生活在一起也还是没有太多言语的交流，车子也在三个月后被赔钱卖掉了。白色本来是父亲喜欢的车子颜色，以为姐姐也会喜欢，知道在沙漠开车的姐姐也有一部白色的车，又是刚回来，一定会不适应台北市街道的狭窄，所以特地选了部小车，方便

1　一种打弹珠的小游戏机。

△ 三毛和她的大弟弟、作者的父亲陈圣

姐姐在小巷弄里穿梭和停车。一年后，小姑自己买了车，也选了白色，也是一部小车，算是换种方式接受了当年弟弟的心意，后来我也坐着这部白色小车和小姑游历了大半个台北市和阳明山，车中多少欢声笑语，也是当时送车的父亲没想到的意外收获。

小姑对我们两姐妹却是万般宠爱。我们每次去奶奶家就期待着小姑起床，等这个玩伴起来跟我们讲很多有趣的故事。小姑她总在过了中午才起床，深夜写作看书是她的习惯，夜晚的宁静让人心静，才能除去不得已的客套与压抑。

小时候不懂，常跟小姑说："你是不是想在晚上偷偷把我们的事情写在你书上？最好把爸爸小时候一次偷吃十个萝卜丝饼，吃到拉肚子的故事写进你书里，然后不要告诉他。呵呵呵！”

两个小孩不怕爸爸，也爱小姑，这两位大人在孩子心里都是活宝，都有源源不断的笑料，是我们童年的开心果。长大才明白，看似幽默的大人都曾经历太多波折，一次次的妥协后化成几句自嘲，让别人开心，让自己释怀。谁又知道一个开心果当年努力从伤痛中走出，另一个也在创业的路上努力扛着说不出口的艰苦，两人都不容易，在孩子面前也都只有微笑带过。

我父亲是一个在成长过程中变化很大的人，曾经也很自豪自己的文字功底，我一度以为是给他以前那些女朋友写情书练出来的。

“你们爸爸以前总是在街上混，不爱念书，现在也不看我的书，只会拿去送给你们学校老师。以前自己不爱去学校，现在却常常等你们下课。”小姑一边翻着《读者文摘》，一边跟我和姐姐说，“那时你爸也是爱电影的，不只爱看，还爱说。”

“爸爸说他想当电影明星，像秦汉一样。太恶心了。”

姐姐大声说，一副不怕爸爸生气的样子。我们三人说起父亲的坏话，总是特别兴奋。

“你们在说我什么？我听到喽！”

父亲突然出现在小姑房间门口，抿着嘴假装生气。他高大的身躯有点疲累，想必是工作上有很大压力吧！

三毛是幸福的，能做自己喜欢的事，写作、阅读、绘画、演讲、说故事，后来创作电影剧本、音乐歌词、歌舞剧，甚至旅游和收藏，都是在她的艺术天空中快乐自在地游走，尽情挥洒天分而怡然自得。

小时候我的梦想是做个画家，这个梦想停留在奶奶家那片被我涂鸦成五颜六色的白墙上，此后也只是打发时间的消遣，画作也拿不出手。我和很多人一样，小时候的梦想也只是作文课上交给老师的功课，从来没能亲手实现。父亲的梦想是和电影有关的，也为此付出了努力。

“那时候你爸爸不上课，偷偷跑去电影院看电影，有时候还是偷溜进去的。他什么电影都看，英文电影也看，说自己国中时英文有多好，我看他也就停留在国中阶段的词汇量，除了装腔作势在女孩子面前唱过几首英文歌以外，也没听他说过一个英文词。”

小姑说着弟弟的糗事，口气却带着骄傲，虽然我们小孩都听不出这种坏学生有什么好值得骄傲的。

趁着肚子饿的父亲去厨房找奶奶，小姑接着说：“有一次学校老师跟爷爷说了你爸爸翘课的事，那天你爸爸可是吓坏了，回到家不敢说话，躲进他房间。”说到这儿，小姑露出调皮的表情，像个看好戏的女孩，等着弟弟被骂。

“那天爷爷回到家，照常和我们吃晚饭，饭桌上一个字也没有提。我瞥见你们爸爸紧张的样子，本来很爱吹牛的他一句话也没说，真好玩。我在心里想你也有今天，等着看你们爷爷怎么收拾他。”小姑很是得意，问我和姐姐，“你们爸爸是不是很爱吹牛？”

“是呀是呀，他上次吹牛说他认识很多餐厅老板，可以不用等座位。然后爷爷说你是去花钱的，人家认识你也没什么好骄傲的。如果你是去赚钱的，人家认识你才稀奇。”

我好像也抓到爸爸的把柄，附和着小姑，有种同仇敌忾的快感。

奶奶来叫我们去吃饭，小姑还是不放过揭开父亲儿时黑

△　三毛和大弟弟夫妇

历史的机会，到饭桌上当着父亲的面也继续说着。

“宝宝，我在跟你女儿说你小时候的电影梦呢！”小姑看一眼父亲。

“电影我也就是看看而已，也不算什么梦想，没那么伟大。快吃吧，吃完快回家，要下雨了。”

实际派的父亲总在回避内心深处的探索，用眼前的生活杂事巧妙地掩盖曾经年少炙热而从未开始的梦想。孩子在他二十五岁时措手不及地出生，还一下来两个，从此他对电影梦绝口不提，取而代之的只有父亲的责任，而这一切都静静地发生交替，没有怨言，更没有时间回头再搞个明白。

“那爷爷有骂爸爸吗？”姐姐忍不住问。

“后来爷爷把你爸叫到书房，拿了纸和笔，让你爸在书桌前坐好。你爸爸以为要被骂了，垂头丧气的。”小姑吃完

△　三毛和父母、姐姐（后排左一）、大弟弟夫妇、作者姐妹俩

饭，坐在她最喜欢的单人软沙发上说道，“结果奇怪的是爷爷不但没骂他，还给他钱让他再去看电影，但是有个条件，就是回来要写看电影心得报告，还有不能翘课。”

小姑望向待在书房看报纸的爷爷，只有畅销作家的父亲才能想出这种鼓励孩子负起责任，又不失学习机会的好办法吧！

“所以我的文笔就是那时练出来的，英文电影还要用英文写心得报告呢！”父亲摸着吃撑的肚子缓缓地说，一脸得意。

虽然在我印象中从来没有人说过他的文笔好，好像都是他自己的想象。

其实小姑也是有电影梦的，她常常提起当时台湾新晋导演的作品《牯岭街少年杀人事件》《小毕的故事》等，这点两姐弟罕见地一致。小姑编剧的《滚滚红尘》上映时每天都有各种活动行程，非常忙碌。而我父亲也一直还是保持爱看电影的习惯，一个人去看了《滚滚红尘》。通常会选择港产搞笑片的他大概从谈恋爱追女孩子后再也没有看过这种文艺片了。看完电影回来后他没多说什么，也没跟他姐姐说什么鼓励的话，只是一直和朋友、邻居、同事们推荐小姑的电影，巴不得开车带每个人去戏院，管接管送。他嘴巴上说这电影很悲哀，不喜欢片中的战争场面，又说林青霞很美，总之说了一堆表面上不相关的话，就是嘴硬不肯说姐姐替他圆了这场年少时的电影梦。这也算是姐弟俩一起给这些年对电影的热爱交了份最有意义的心得报告，爷爷当年的苦心也得到了回应。

我念的国中和高中都是小姑选的台北市私立圣心女中，国中毕业典礼小姑和父亲都是受邀嘉宾，上台致辞。小姑每次演讲台下绝对都是爆满，学校老师都抢着去，满座的国父纪念馆连混在人群中低调的爷爷都挤不进去。父亲的演讲我倒是第一次听到。

“各位年轻貌美、青春洋溢的女同学，大家好，我是三毛的弟弟，四毛。今天我这个中年帅大叔有幸能在各位的毕业典礼上给大家说几句话。”

父亲一上台，厚脸皮的幽默引爆了笑点，我和姐姐脸上却有些尴尬。

“三毛说演讲要像女孩子的裙子一样，越短越好。今天我的演讲就是迷你裙，一定是短而精致，好看也好听。”

我真心佩服这位毕业生家长的良苦用心，想给学生们一个愉快的道别，他一向不喜欢哭哭啼啼。四毛的演讲意外地令人印象深刻，直到正牌三毛上台。

“那个四毛从小就是爱搞笑，我从来没说过演讲像女孩子的迷你裙越短越好，太短也有碍观瞻，不好看。演讲重点不在长度，而在宽度。我今天就来说说各位以后要走的路，要走出宽度，而不是长度。”

小姑一张嘴不只多了宽度，还多了深度。

就这样，两姐弟一个负责风趣，一个负责精彩，把一群十四五岁的女孩逗得很开心，我和姐姐也引以为荣。

两个曾经对生命充满热情和憧憬的人，在人生的高速公路上一个选择随心走走停停，享受路边的风景，几乎跑遍大半个地球，记录下最美的过程，至于能到达多远都不重要；另一个为了养家只能闷着头往前冲，实际而明确，目的地在全家人幸福平安的远方，下一代少点奋斗是他努力的动力。文人与商人，本质上都是热爱生命的，看似走着不同的路，却用自己的方式丰富生命。

无论文人还是商人，活在世俗中都有委屈，都得妥协。小姑当年拖着疲累的身体到处演讲，每封信件都亲手回，只因为不想让读者失望，不想让主办方多花钱，其中都有文人对现实的宽容。父亲当年一家家店推销油墨，陪人抽的烟都多过签的合约。从一个脾气火暴的少年，成长为一个处世圆滑的中年大叔，再到现在淡定无争的七十岁老人。岁月这把杀猪刀，人生这块磨刀石，对文人和商人都一视同仁，而我们活着的俗世凡间，文人与商人也必须共存，带着理解与欣赏妥协于现实中。

去年，父亲从加拿大回台湾过年。除夕夜晚，他招了一辆计程车赶去餐厅和家人吃年夜饭，下大雨的台北，好不容易坐上车，很是狼狈。穿着白衬衫面带笑容的司机是个年过五十的中年人。

“先生您好，去哪里呀？座位旁边有纸巾喔！”

两人聊起来。这司机不像一般司机总爱聊父亲不感兴趣的政治，反倒爱聊他那念大学的女儿。说起自己生意失败，亏了不少钱，付不出房租了，只好来开计程车。好一个普普通通的故事，没多少曲折离奇洒狗血的剧情，甚至诈骗警讯上的故事都比这个精彩。

我爸在后座以一个父亲的角色听得是一把鼻涕，一把眼泪，想起自己的创业维艰，将心比心，立刻要司机把车停在一个银行前，冒着雨冲下车，让司机等着别走。几分钟后，他又跑上车，手里拿着提领的一万块新台币现金，硬塞给这位司机大哥并说道：“过年啦，快回家去吧，女儿在等你呢！”

五十岁的司机大哥很是惊讶，马上眼泪便湿了沧桑的面容。两个加起来过百岁的男人，在冰冷的台北街头相视而笑。

父亲在年夜饭的餐桌上和家人提起这件事，当然是一阵怀疑他被骗的老掉牙说法。

“你不常回来，不知道现在台湾是一步一小骗，三步一大骗，花招百出，你这算是初级班的，你一定是被骗了。”

我父亲对他们的反应并不惊讶，只是悠悠地回了一句：“如果他是真的呢？我这钱也没白花。但我情愿他是假的，也少个有困难的家庭。”

他就是这样的一个商人，一个带着善心的商人，一个用世俗生活写人生的文人。

文人小姑在《倾城》中曾说过："因为我们每一个人都是独特的个体，我们有义务要肩负对自己生命的责任。"

感谢这两姐弟给我们陈家和社会带来的贡献，也给我的生命增添了很多缤纷的色彩和传承的意义。文人和商人互相依赖，互相守护，不用彼此了解，更不用勉强求同。

我和小姑

《送你一匹马·你是我特别的天使》节选

小姑：

我们一直等您，不想睡。可是也许会睡着。

您可以在这里做功课。谢谢小姑！

天恩
天慈　留的条子

一月二十六日 晚上十点钟

这张字条，平平整整地放在桌上。

再念了一遍这张条子，里面没有怨，有的只是那个被苦盼而又从来不回家的小姑。

“您”字被认真地改掉了，改成“您”。尽心尽意在呼唤那个心里盼着的女人。

小姑明天一定不再出去。对不起。

……

小姑没有回来，字条上却说：“谢谢小姑！”

恩、慈并排睡着，上面有片天。

三毛

你才是我特别的天使

重逢无意中，相对心如麻，对面问安好，不提回头路，提起当年事，泪眼笑荒唐。提起当年事，泪眼笑荒唐，我是真的，真的，真的爱过你，说时依旧泪如倾……

林慧萍的这首《说时依旧》发表于1990年。

有一天小姑跟我和姐姐说：“你们喜欢哪位歌手，小姑写的歌就给谁唱。”

“齐豫、林慧萍、金瑞瑶、王杰……”

当时不知道小姑歌词中的意境，只知道可以和偶像近一点也不错。后来这首歌发表，才知道是小姑亲身的经历，当时她并没有跟我们说过那次和故人的遇见，只是单纯想让我们也能参与她的创作。

小姑很少听中文歌，车上放的都是曲调清新的英文歌，没有太繁杂的编曲和配乐，也很容易上口。

"You are my special angel. Right from paradise. I know you' re an angel. Heaven is in your eyes."

音乐从白色的小丰田中传来，仪表板上沾着三个手指头关节大小的塑胶娃娃，两个金发小女孩和一只站着的小狗，是读者的心意，小姑细心收藏着。我每次坐上车前座，就和这几个小娃娃对上眼，他们冲着我微笑。小姑开车不快，技术也不是太好。有一回在台北植物园还一不小心发动车后开进了水塘里，吓坏了水里平静生活的鱼和虾，还有旁边的记者、读者和家人，我们小孩吓傻之余也感叹小姑的真性情。

一个周六的下午，我和姐姐在奶奶家吃完午饭。小姑通常习惯晚上写稿，这天难得中午前起床，因为今天是个大日子，我们要搬家至阳明山上文化大学的宿舍。小姑说她要去中文系教书，帮助学生了解不用好好在学校读书，也能领会阅读的乐趣，得到知识。

"天恩天慈，你们把那几箱书先放上车。"小姑一边喝汤，一边对着我们大声吩咐着。

好几个封得紧紧的纸箱放在饭厅墙边，沉甸甸的，看起来是个艰巨的任务，真不明白小姑怎么会认为两个不到十岁的孩子能担此重任。

"我们搬不动呀！那好重。"我和姐姐刚吃完有点困，只能在旁边出张嘴。

书是用来看的，不是用来搬的，但把书搬来搬去的确是我们和小姑常做的体力活，每搬一次嘴巴上总会说，再也不多买书了，都来不及看完。下次一起去书店时，又忍不住兴奋地搬回好几箱，就这样日复一日循环着。最后每次都是我强壮的爸爸助了好几臂之力，才把那些书一一归位。

“到学校怎么搬上楼呀？”奶奶担心地问。

“到那再找人帮忙吧！”小姑就是那么随性，从不会无谓地担心。

“万一没人怎么办？你别自己搬呀，腰不好不能搬重物的。”奶奶又忍不住加了一句。

“台北到处都是人，不会没有人的。”

一个人的勇敢率性背后，总有家人更勇敢、更坚强的无限支持和包容，当然也免不了担惊受怕。

所有东西都被搬上了小姑那部白色小车，把小车压得很低、很辛苦。我和姐姐抢着坐前座，最后还是照老规矩来回轮流坐。当时我还真不知道为什么搬个家要带上两个小孩，可能是图个路程上的热闹吧！因为是周末，一路上车子很多，小姑战战兢兢慢慢开着，台北的车流可不允许她像在沙漠中那般任性地随便开。我和姐姐在车上吃着零食五香乖乖，喝着妈妈准备的养乐多。小姑的车比较人性化，不像爸爸不准我们在车上吃东西，喝水也不准，就差没有要求换拖鞋。一路上看看塞车风景，我们这天好开心地上山郊游去。

“Angel, angel whoa-oh-oh-oh whoa……”鲍比·赫尔姆斯深沉温柔的歌声深受小姑喜欢。

进入阳明山仰德大道路况平稳点后，小姑明显放松了，握着方向盘的手也不再十指紧扣，轻轻地哼起来：“Angel, angel woooo, la, la……woo la laaaa……”

我也忍不住来几句：“Wooooo laaaa……la……”每句都不在调上。

小时候常会晕车，这种山路通常让我害怕，却只有在小姑的车上特别放松，常常笑得忘了紧张和弯路的曲折。

△　三毛和作者姐妹俩

◁　三毛和作者

那天天气很好，却因为塞车以及小姑不熟悉台北的路，开了好久才到山上的文化大学。的确，周末的校园里还是有不少游客。小姑开到一栋不太高的白色建筑前停了下来，顺利找到两个路过的壮丁来帮忙搬东西上楼，那是个人人热心帮忙的年代。

我和姐姐狂奔上楼，迫不及待要闻闻这新家味道，看看新房是不是够三个人住。白色的四面墙，深色的地毯，一室一厅，还真没什么新意，简简单单，勉强算有学术味。可能学校知道小姑有很多书，房里有个很大的白色书架，靠墙静静地等着被填满。壮丁在楼下楼上来回挥汗帮着忙，我已经急着想把箱子打开。

“那箱是小姑的衣服鞋子，你们不要动，等一下我们一起来挂，冬季夏季要分开放的。”

女人的衣服鞋子总是不让人碰，小小年纪算是见识到了。

又开了一箱才是满满的书，各种文字的厚书，还有我们的故事书也一起被带来了，以便我们来玩时能看。我和姐姐因为够不到太高的书架，只能放底下的几层，突然想起妈妈嘱咐要先拿纸巾沾点水把书架擦一遍。

“小姑，你有没有纸巾？”

虽然小姑常在她的文字间潇洒地游走，浪漫地体悟人生，面对上千观众演讲，可是有时候生活上的事还是不让人放心。答案真的是没有带纸巾，我不等小姑想出办法，立刻跳上车拿了盒装面纸，刚刚吃零食时把手弄得油滋滋，抽过几张，正好派上用场。后来在一箱厨房用品里发现妈妈还是偷偷给小姑放了两盒面纸，妈妈就是我们最称职的后勤补给。

“陈老师好。”

◁ 三毛和作者的母亲

一位穿着浅褐色薄毛衣、牛仔裤，头发整齐地扎了个马尾的年轻女孩害羞地站在门口，礼貌地叫了一声。

“您好，我小姑在里面，你是房东吗？”我姐姐问，生怕小姑忘了交房租，更怕今晚没地方可住。

“不是的，我们宿舍是学校分配的，我也不是房东。”

那位本来就害羞的女孩，被我们一番意料之外的回答吓得脸都红了。

“小姑，你学生找你。”我大叫着。

“其实……我也不是学生。”

那女孩硬是被两个小孩莫名其妙地安上“房东”和“学生”的身份，很是束手无策。

“陈老师您好，我是中文系上的秘书，我也姓陈。系主任让我来看看您有没有什么事要帮忙的。”

小姑一出来，她终于大大松了口气，可以不用再和两个小孩乱扯。

“我们已经搬完了，不用帮忙。”我直爽地插嘴说，有一种你怎不早点到的意思。

“你好，你好，快进来坐。”小姑客气地招呼她坐在仅有的四张藤椅中的一张上。

我和姐姐坐在书架前继续整理书，也玩玩带来的纸娃娃，不知道一个娃娃的脚不幸还留在小姑山下的小木屋中，拼命在箱里找另一只脚。

“陈老师有没有教学大纲？我可以先准备好，下周一回系里再复印给学生们。”

这个女孩显然很认真敬业，一心想完成系主任交代的工作。

“教学大纲呀，还没有呀，我晚上想想。”

小姑像个忘了交作业的孩子，一时间分不清谁是老师，谁是学生。

女孩拿出一本《撒哈拉的故事》，眼睛都不敢看着小姑，小声地要了小姑的签名就开心地走了，也算是完成任务了吧！小姑也用签名成功逃过了一次交作业。

“我们出去走走吧！”小姑不理一地还没整理完的纸箱，怎能辜负这么凉爽的好天气和晴朗的好心情！我们三人一下子又上了不在停车格中而是停得歪七扭八的白色小车，然后小姑还是差点迷路，摸到了一直想去的竹子湖。我和姐姐都是从小被保护得很好，没坐过公交车，不太习惯少了高楼大厦的郊区，一路上一块块的田野和乱跑的黑狗都让我们不知所措，不知道该下车还是待在闷热的车上。

小姑任性地把车停在一段竹篱笆的旁边，像个好奇的

◁ 三毛给学生讲课

小孩快速下车冲到一个田边的小商店，完全不顾我和姐姐茫然的眼神。每次和小姑到一个陌生地方，她总是很愿意接近当地人，了解每个地方的习俗，哪怕只是小小的饮食习惯和日出日落平凡的家常事，也能引起她极大的兴趣。她和当地人总是像认识很久的朋友，语言不通也能鸡同鸭讲地聊上好久，笑声传遍一整条街，甚至成为以后深交谈心的笔友。

商店里有个穿着白色汗衫的老伯说着流利的闽南话，我以为小姑不会说闽南话的，其实她说得很溜。

“借问一下，海芋田在哪里？”

那位老伯面无表情，头也不抬继续弹着烟灰，用留着长长指甲的小手指指指左边路口。

小姑客气地回应：“多谢多谢！”转头对在车上不想下来的我们说，“要不要下来喝点饮料，吃点东西？”

忙了一下午，小姑终于想到劳动过后很容易饿的，尤其是嘴馋的小孩。我和姐姐虽然不太信任那间没什么灯的小店，看起来不太干净，但总比待在车上饿肚子好，于是还是乖乖下车了。

“想吃什么自己选。”小姑指着墙上白纸黑色大字的菜单说。

身为小孩真没有点菜经验，一般都是爸妈点什么我们吃什么，大人们自然会知道我们喜欢什么，不喜欢什么，或者是他们喜欢我们吃什么，不喜欢我们吃什么。一下子拿到这自主权，还真不知道怎么使用。

小姑大概知道了我们的别扭，笑着说：“以前爸妈、爷爷奶奶在旁边，你们总是没有机会给自己做主，今天在小姑这里，你们做自己的主人，想吃什么就点什么，别管价钱，别管什么垃圾食品，想吃就吃。”

我立刻把握机会大声说：“我要吃凉凉的西瓜、冰可乐，还有布丁。”

“我要吃草莓冰激凌和卤味。”姐姐生怕小姑反悔似的快速说完，看了一下动也不动的老板，硬是把普通话转个音自创成闽南话地说了句“多虾，多虾！”

“好，那我也来个贡丸汤。”小姑说道，也不管我们两个净点些奶奶一再嘱咐不能多吃的东西，只要我们自己做的决定她都无条件支持买单。

吃完后一肚子的冰凉，路痴的小姑居然还记得老板说的方向。我们顺利来到了海芋田。一下车，一片白。

“海芋怎么不是芋头色？”我好奇地问。

“是芋头长出来的花吧！”姐姐自作主张地回答。

小姑走过我们身边，耐心地说："海芋是一种花，长得像百合花，我们去那边看看。"

我们跟着其他观光客走到了田中央，还好有田埂小路，不至于弄脏鞋子和裤管，生怕回去被妈妈骂。我们除了睡衣，也没有带其他衣服应付小姑的一时兴起了。

白白的一片，一枝枝竖立站好，好整齐，好优雅，我心里暗自夸赞，我这辈子也达不到这种淡定的气质吧！

"小姑，你有没有看《天龙八部》，段誉和虚竹的草上飞很厉害。他们也许也会花上飞，飞过这些海芋不会弄脏衣角。"放弃了高雅端庄的志愿，我转念想起昨天晚上看的武侠电视剧。

"那是金庸叔叔的作品，小姑的朋友，本名叫查良镛，你们喜欢他，可以写信给他，小姑帮你们寄给他。"小姑这提议简直比海芋田还美一百倍。

"好呀，我要问他什么时候写《天龙九部》。"我睁大眼睛说。

我姐姐说："我要问他王语嫣的头发怎么留得那么好看？"

"好好好，你们今天晚上都写下来问查叔叔。"

◁ 三毛和金庸

小姑蹲下来，轻轻拨弄一片花瓣，凑上去闻了一下。我们也照着蹲下，做样子地闻一闻，其实有一点怕蜜蜂或其他虫类粘上鼻子，也没闻出什么芋头或百合花的味道，反倒闻到卤豆干的葱花味。

“小姑我们回去吧，爸爸说天黑了你就不会开车了。”我爸爸总是不太信任小姑在国外学的驾驶技术，当然不放心把两个宝贝女儿交到小姑手上。

一路上慢慢开，终于回到文化大学宿舍，小姑拿出两份信纸和圆珠笔，又在一张小纸上写上“查良镛”三个粗体大字，要我们模仿。

“金庸是他的假名吗？他不想让别人知道他的真名呀？”姐姐一边吃力地模仿这三个很难的字，一边问道。

“就像小姑叫三毛，也不想让别人知道她其实叫陈平。爸爸叫陈圣，没有假名，因为他比较胖，也比较高，不怕人认出。”我从小就能举一反三。

小姑坐在茶几旁的地上笑说：“对，不能告诉别人小姑的真名。”

“小姑，你帮我们写吧，我要去画《我的童年》。”我一下就丧失了兴趣，想去画那本三百页空白纸做成的叫作《我的童年》的书。

这本书是小姑有一次去家附近逛书店，听店员介绍这是一本儿童创作书，就立刻买了两本给我们。厚厚的米色封面和封底包着塑胶套，里面是一堆光滑的两面白纸。一拿回家，我们两个小孩以为小姑买错了或者被骗了，拿了一堆没有内容的白纸给我们。小姑解释这是一本天书，天上来的书，全是白纸，要我们自己的童年自己画，也学习自己给自己的人生涂上色彩。除此之外，还有一条小姑自定的规则让童年更为好玩——一旦画上不能擦掉，只能想办法增添，可以用任何笔，可以画可以写，也可以剪贴，可以撕毁揉皱，更可以多人一起创作微缩版的人生。

我打开小姑白色书桌的抽屉，拿出一支粗黑的马克笔，毫不犹豫地在新的一页上画了刚才看到的那块海芋田。海芋很难画，一颗颗就是个椭圆形，下面加个直挺挺的根茎，我自信地认为画得非常像，像到可以大老远寄给一位武侠名作家。在画了太阳和几片云的天空上写下：查叔叔，这片海芋田给你，你可以在上面写《天龙九部》，但是不要让虚竹活太久，因为他没有头发，不太帅。我大方地撕下来交给小姑。

小姑说："你这要给查叔叔吗？要不要上颜色？"

我回说："不用，武侠剧都是酷酷的，不要颜色。"

◁ 三毛和父母、作者、作者的母亲及老师在圣心女中

小姑也尊重我的想法，把纸折起来放进了信封，说一下山就去邮局，寄到香港。

我的童年开心就好，不用害怕画错、写错、走错路，不用害怕承认自己的不足和缺失。一支画笔，填满纯白的天真；两张纸，飞出小小的世界；三个田里扶持的身影，留下阳明山上的大小脚印。有小姑的支持与鼓励，一步步走出不同路的双胞胎不怕孤单，不怕分离，只要有童年一起创作的画册和笑声就已足够。

那天晚上，三个人本该挤在一张床上，梦中有海芋田还有武侠，而其中一人却在书桌上看书到天明。

2018年，我心中的大侠查叔叔和小姑在天上相见了，我在朋友圈写下“江湖路笑傲同行，人间情仗剑永存。R. I. P.”放了一张查叔叔和小姑并肩而坐的照片。不知道小姑当年是否有把我那幅很丑的画寄给他了？

◁ 三毛和金庸

《滚滚红尘·前言》节选

我之所以选择了以另一种文字形式来创作，主要动力仍出自对电影一生一世的挚爱。

……

在剧中人——能才、韶华、月凤、谷音、容生嫂嫂以及余老板的性格中，我惊见自己的影子。

诚如一般而言：人的第一部作品，往往不经意地流露出自身灵魂的告白。

这是我的第一个中文剧本。

三毛

三个小孩一台戏

每个人的童年都有很多回忆，大部分人都有想记得的开心回忆和恨不能彻底删除的尴尬记忆。我在这里不想把每个人的童年分类，也没这资格，只是想把我那些开心的、难忘的、有趣的童年回忆和有兴趣的人分享。也许不能借此改变你的童年记忆和现在的日常，至少能让你的成年生活——那些眼前苟且多于童年回忆的日子里，拥有多几分钟的快乐。这也就值了。

生不带来，死不带走。偏偏我和双胞胎姐姐是被打包一起带来世上报到的。也许团购的门票好买点，来到这个欢乐的家庭，也是幸运。

我的小姑，是你们认识的三毛，是陈家的二小姐。别说我老派，当时的社会称呼讲究礼数，不算是距离感，只是让邻里明白其家庭关系，也顺便把谁家的第几个女儿也分辨出了，大概是怕搞错吧。相反，我们现代人那充满个性化的网名，重在率性地表达自己。上网淘个宝贝，也能被叫声亲爱的，心里开心，二话不说立刻扫码付款。

三毛这笔名也许太一目了然了，但却实实在在表现出小姑的简单和直接。小姑以前还得意地说过，“三毛”两字笔画总共七画，三加七是十，十全十美，就在这平凡无奇的笔名里。看来以后给自己取网名，也得先算算笔画数呢！给自己取名，是拿回那个出生时错过一次的权利，取什么名字能表现想成为什么人。我和其他小孩一样总想扮演大人，给自己取一个不属于自己的名字。和小姑一起生活的儿时记忆里总有很多趣事。慢慢感受着小姑的想象力，带着我漫游其中。长大后回头看才发现，当时的日子很开心，也很怀念小姑叫着我的名字，那个存在她心里的名字。

有一次我们新民小学的国文课，老师突然说要办个同乐会，特别计划一个演戏的节目，要我们几个十岁左右的四年级孩子分组做起小小剧场，还一副大制作的架势。我们几个小鬼想演些特别的、角色多的有趣剧目，大家都能参与。我的小学导师是个年轻漂亮的美术老师，高高瘦瘦的，当时正值新婚。小屁孩儿们很开心，一向以资深教师、严厉教学出名的私立小学，终于有点年轻活力了。这位林老师，和同学很谈得来，大部分同学都很喜欢她的创意和亲切。后来因为小姑常常来接我和双胞胎姐姐下课，林老师也认识了小姑，成了朋友。在小姑的《送你一匹马》当中的《你是我特别的天使》这篇里提到的就是这位老师，而小姑也总是把我们身边的老师当自己朋友，她自己则是我们的家长兼玩伴。

长大以后才知道，不管是现实生活中，还是网络世界里，很多人都在扮演别人。扮演一个自己想做却做不到的人，扮演一个自己内心深处的自己。

▷ 三毛在圣心女中

那场同乐会，我被要求负责编剧，不是因为我点子多，只是同学知道我家里有个名字很奇怪的幕后帮手，总能搞点有意思的点子出来，所以一份工作可以两人做。这真是买一送一，买个小茶几，送个大沙发。谁知道这幕后帮手，后来写出了《滚滚红尘》的电影剧本，也许这场小学生的闹剧还是个引子呢！

回到奶奶家，书包一扔我就往小姑的房间跑。奶奶家是两个公寓房子打通的单位，足够小孩子来回奔跑，练练体力，大人也可以练练嗓子。小姑住的是其中靠边的两居室，有一个卧室和浴室，还有个当时觉得很大的客厅和客厅中一堆的书柜。小姑的书种类非常丰富，中文书和一堆英文字母上带小点的西班牙文和德文书，大小不同，颜色各异，还有我最喜欢的《小王子》，各种文字的版本都有。比起爷爷书房那面黑色和深褐色为多，大小相同的严肃法律书籍墙，这一堆堆色彩丰富的书组成的背景墙可就平易近人多了，我们小孩也更喜欢待在小姑身边。

小姑在爷爷奶奶家的房间装潢很简约朴实，只有些木头的家具配上民族风的垫子。当时的我只觉得每个民族风的椅垫都有很多故事，好像都是什么人的嫁妆或是定情物，一针一线充满感情，小孩子因为这其中情感太重，不太敢靠近使用。

一下课，兴奋的我忘了敲门就冲进第一道门，被后头的奶奶说了几句，赶紧在第二道房门口紧急刹车，敷衍地轻轻敲了半下，没等小姑回应就自己打开门了。

“小姑，小姑，我们要演戏了！”

小姑坐在小客厅的地上看书，抬头回说：“演戏呀？卖票吗？”

我也没听进她说的话，大声喊着：“是林老师要我们演一场戏，也不知道演什么故事。”

小孩就是容易分心，前一秒我还为了演戏的事兴奋着，后一秒看到小姑书桌上从国外带回来的小玩偶，就自顾自地玩起来了。老师同学的交代早抛到脑后，反正只要我交代给幕后帮手就算完成阶段性任务了。

“你们同学喜欢看什么故事书？”小姑一脸认真地说。她总是事无大小，只要知道对我们很重要，或是事情本身有趣、有新意，她都会非常认真地对待。

我和姐姐纷纷出了些烂点子：《侠盗亚森·罗平》《福尔摩斯》《小王子》《茶花女》《巴黎圣母院》《小甜甜》《科学小飞侠》等，最后两个其实是卡通片，也不是故事书。

小姑耐着性子，带着鼓励的口吻说：“很好，但是你们班有几个人？几个人要上台演戏？”

“不知道，反正有很多。”对小孩来说，超过两个就是很多。

“那这些故事有很多角色吗？”小姑问。

“好像没有，《侠盗亚森·罗平》就很多坏人，没人要演坏蛋。”我说。

小姑终于出了个主意：“中国故事呢？”

“《西游记》《红楼梦》《笑话树林》。”我和姐姐说。

小姑笑着说：“是《笑林广记》。”

这些都是那时的我们似懂非懂地看过的故事书，是小姑一箱箱在东方出版社买的。每天下课，校车送我们到奶奶家楼下，我和姐姐都会吃着点心，迫不及待地看这些故事书，然后可以看一小时的卡通。没有手机的童年就是这么的单纯而美好。

小姑说：“《红楼梦》里人物最多，每个人都可以有角色演。”

确实，人物多到我那小脑袋瓜是不可能记得清的，反正人多就好。

“那就演那个《刘姥姥进大观园》呀！很好玩！”姐姐说，我附议，心想只要别让我演那位想象中胖胖的刘姥姥就好。

后来，三个兴奋的“孩子”就开始七嘴八舌地讨论内容，说来说去还是选定《刘姥姥进大观园》这个欢乐的篇章，毕竟是个孩子的同乐会，一般的爱情戏码并不合适。

“让那个张胖胖演刘姥姥。”

“你演林黛玉。”

▷ 三毛和作者的姐姐陈天恩

“我不要演，我记不住那些话。”

终于有个有点理智的“孩子”说话了：“剧本不只是要有人物，还要有场景、道具、旁白、服装等。”小姑提出了我们完全懒得去理会的细节。

那怎么办，好像比想象中难多了。但是也挺有意思的，至少比背国语课本里那些文言文有意思多了。而且在学校排演，还可以不用睡午觉，可以随时去喝冰水，想想都牛。

一张张本该是作家用来写《撒哈拉的故事》的稿纸，活生生变成了小学同乐会的剧本草稿。我当时真觉得要把复杂的中文字塞进小小的格子里简直是一种酷刑，因为我的字很大，也奇怪小姑是怎么办到的。小姑的字也不是规规矩矩，直挺挺站整齐的那种，常常是歪歪斜斜的，无论中文和英文都是，这在后来很多有收录亲笔书稿的书里可以看到。

我们慢慢学着从人物关系、服装要求、场景叙述等前期铺垫开始，一句句对白以好记好念为唯一标准，以免几个孩子一下记不住，会没了兴趣。三个编剧一字一句，慢慢筑起一台戏，不在乎文学高度，只在乎轻松有趣的人生第一场戏。我心想也不会有人抱着学习中国文学，了解古代礼仪的心态来看这出闹剧吧！创作的人写得开心，演戏的人演得过瘾，看戏的人笑得忘我，对小学生来说就是奥斯卡最佳剧本了。

“小姑，要先写刘姥姥在乡下，还是先写她已经到了贾府？”我问道。没做过的事我总是依赖小姑的意见。

“你想先写什么都可以，但是要说得出理由。”小姑一向重视启发，从不指挥我们的想法，而是鼓励我们多表达自己的意见。

“我觉得要先演她在乡下，因为这样可以表现为什么她要去贾府，要不然突然出现会很奇怪，我们很多同学都没看过《红楼梦》。”我回答。

于是剧本交代了前因，刘姥姥要去贾府寻求资助，雏形渐渐出现，故事也逐渐完整。

“姐姐，你来想林黛玉，你最喜欢她了。”

小姑很了解我们两姐妹，她总是不着痕迹地关心与观察。没有孩子的她把我们当自己的孩子，从不说教，总是鼓励开放式的学习，对我们的成长有很大的帮助。三人带给彼此的欢乐一点一滴在记忆中筑城一座回忆的墙，墙上有小姑随意的涂鸦，乱中有序，带着爱。

“林黛玉身体不好，她不会出来见客的，不用写她。”我总是喜欢和姐姐唱反调。

小打小闹也是情趣，小姑总是说“双胞胎打架，自己打自己”。

姐姐不赞成我的意见说道：“不行，我就要写林黛玉，她也有病好了的时候，而且贾宝玉比较喜欢她。小姑是不是？”

于是，林黛玉就硬生生地在花园里采了花，还不能葬花，因为姐姐说花还活着。

剧本大致写完，三个小脑袋又动歪脑筋了。我们一边说着不管是谁演刘姥姥，都要给他/她穿上最奇怪的衣服，头上戴几朵大花，来几句不知道哪里的口音，一边模仿着走起路来扭来扭去的样子，手帕甩呀甩，再摔个四脚朝天。到底由谁来演刘姥姥呢？后来班上同学决定抽签，那个本爱搞笑，有点微胖的康乐股长，众望所归男扮女装地出演这个角色。当初当上康乐股长，他也就料到会有今天。可惜当时没有手机能拍照，要不然那些珍贵剧照对现在帅到分手的成年版康乐股长来说，好歹也能敲几顿神户牛排。

演出当天，我还是帮自己安插了一个小角色，一个给刘姥姥端上名贵鸽子蛋的家丁。我自己也认真地做了些角色分析和揣摩，设定成从小在荣国府长大，爱唱着歌干活的瘦小孩。看似一个不起眼的龙套，还是有不少内心戏的发挥，才对得起大师曹雪芹的细腻文字。唯一的一场上菜戏，盘子要怎么端，从哪里上菜，都和小姑排练好几遍，盘子里还放了一颗花生，代表那昂贵的鸽子蛋。一句对白也没有，全凭精湛的演技，我演得开心，也算是打响从幕后跨界到台前的第一炮。

男扮女装的刘姥姥扭着腰进场，是小姑特别交代要有的步伐。他手上拿着的手帕是小姑从欧洲带回来的，居然出现在中国文学戏剧作品中。因为经费有限，我们一人身兼多职，没有场记和服装，出了这点小错误，也只有高要求的三位编剧事后才发现。一场儿童闹剧在嘻嘻哈哈声中完全脱轨，没照剧本走，白费了我们铁三角编剧的一番苦心，好在大家玩得开心，也对《红楼梦》起了兴趣，从小鼓励我们多读书的小姑也算是达到目的了。

三毛在很多人心中拥有传奇的一生，用生活在创作，创作也来自生活。当年看她书的你，现在人生是否还照着当初想象的剧本走？喜剧、悲剧、闹剧、肥皂剧、偶像剧甚至真人秀，每句台词，每次过场都得算数，每场戏都不能重来。观众席有多少吃瓜群众都不重要，人生常常是场独角戏，不管有没有对手，都要努力演得过瘾，活得精彩。这剧本有太多意料之外的剧情转折，太多本色出演的即兴演出。三毛的人生是独一无二的，我们的人生也不能复制，科技再发达也不能掌控这人生剧本。当年小时候的那场戏，长大后还在回味，也就算出好戏了。

很多人看三毛的人生不外乎几种看法：欣赏、羡慕、向往、感叹或者是不舍的复杂心情。很多人是因为三毛而开始想好好看看世界，也有很多人的青春回忆里都有一个三毛，而那个三毛至今仍活在心里。我儿时和青春期的回忆里，没有三毛这位大作家，只有一个疼我们又爱和我们一起玩的大孩子三毛，一个总是有些调皮点子，总是让爸爸担心教坏我们不肯早点睡觉的小姑，一个爱说鬼故事看我们害怕样子的淘气小姑。在我看来，她的人生剧本是个孩子王，是个创意王，是个从不在孩子面前显露半点悲哀的可靠亲人。她过世后，我也成年了，后来大学毕业出了社会总有人跟我兴奋地提起她，跟我说他们心里的三毛以及他们替书中三毛写的剧本。

“你小姑是不是私下也很浪漫？是不是真有荷西这个人？”最常问的就是这些问题。

小姑真实地活在我的生命里，有血有肉，有贴心善良的优点，也有所谓自我要求极高的缺点。她是一个普通人，一个用尽每一分情感给心爱之人的女人，一个只想拥有平凡爱情和温馨家庭的渴望爱的女人。

如今我也差不多是她离开我们时的年纪，忙忙碌碌的每一天，在工作和梦想中徘徊挣扎，更是感同身受小姑活在人群中的不容易。人生就像当年那场孩子的闹剧，糊里糊涂、懵懵懂懂地来到世上，逛逛花花世界大观园，经历了一些，看开了一些，也妥协了很多，然后完全没有照剧本走，被时间推向意想不到的远方，回头看没演好的那场戏却已经不能重来。

上世纪80年代末，小姑开始创作《滚滚红尘》的剧本，我也有幸在2018年夏天认识了严浩导演，聊了很多当时小姑对电影的热爱，算是补上了小姑创作这部剧本时，我因为高中课业繁重错过的遗憾。想想小姑在小木屋中比手画脚，兴奋地说的每场戏，好像我们的儿童版《刘姥姥进大观园》。小姑总是对热爱的事全情投入，忘了吃饭睡觉，奶奶总是在旁提醒，默默担心。所有创作人都有几个担惊受怕的家人，当别人给予掌声时，亲人却在为他们的健康担心，同时也为他们实现梦想而欣慰。小姑在我们家人眼里就是一位扑火的创作人，为了作品可以快乐地牺牲一切，而多少掌声已是其次。

电影《滚滚红尘》推出后荣获了金马奖最佳剧情片奖、最佳导演奖、最佳女主角奖和最佳女配角奖等多项大奖。那个早在几年前就在我们几位小孩心里颁发出的最佳编剧奖，更是实至名归。

▽ 作者和《滚滚红尘》导演严浩

《亲爱的三毛·是美德还是懦弱》节选

我的想法是，一个真正的完人，必须具备三个条件，那就是大智大仁大勇，这三个字真能达到又谈何容易呢？所以中国人说“好难”。好，真是难啊！

……

美德之中，当然也不能缺少道德勇气，不然，便是懦弱。懦弱的人，在我的浅见里，就是如你所说：除了滥好之外，一无可取。

三毛

女汉子手记

有人说三毛走了三十年，有人说三毛从未走，一直在我们心里。对于我来说，已经有许久没有和小姑聊天了，没有听她说那些有趣的异国故事，也没有听她一直叫背痛，那个她长年写作留下的宿疾。小姑的形体走了，精神却一直悄悄活在我们的人生中，用各种方式再生和启发，默默地延续她的影响力。

有时候你不知道哪个人不知不觉就在你心里种了颗种子，有的人常常记得来灌溉，有的人撒完种就不见了，然后在你心里的种子还是天生天养地长大了，等你回过神，才知道当时撒种的人是用心良苦，我就是这样一个受惠者。

小时候总听小姑说起她旅游的经历和奇特遭遇，而近年很多人说小姑是女性自觉的先锋人物。在我看来，小姑是由内而外活出了女人的极致精彩，她不为觉醒而活，只是顺着心走。如今回忆起来，她的人生有几个关键词对我影响至深：勇气、自由、坚毅。

三毛在《亲爱的三毛》中回复了很多读者的来信，一

◁ 三毛在中国台湾嘉义县曾文水库度假村

字一句都是小姑亲自回的。常常看到她在书桌前认真仔细地阅读来信，忘了吃饭，忘了睡觉，她就是总把别人的事放在自己之前。这种情感的交流简单直接，来信的人静静叙述心情，有少年的烦恼、情感的疑问、人生的困惑等，回信的人抱着交朋友的心态，希望能帮上忙，就算是一点提醒和安慰也好。我很喜欢这种情感的交流，慢慢地等待，一字一句更显珍贵。

在其中一篇文章《是美德还是懦弱》中，小姑回复一位读者关于美德与弱者的关系时，她说道："勇气是可贵的，极为可贵，又最难实行，如果凡事缺少了实行的勇气，再有智慧与仁爱也是枉然。"

我一直认为勇气不是天生的，小孩子可能因为无知而无畏，年纪越大因为懂得越多就越胆小。有一次听父亲说起和小姑小时候的事。

“你们小姑总是胆子大，我年轻时在巷口玩抽香肠，那个老板出老千，我们一群男生在那儿跟他理论，说不清楚，小姑经过就帮着我们跟老板说，一堆堆的道理，还一点也不怕那个高大的胖子老板。小姑就是这样为了真理会据理力争的人。”父亲接着说，“还有几次有个远房亲戚欺负奶奶，你们小姑也是站出来帮奶奶说话，大声把那人骂跑了，当时她才八岁。”我想父亲也很为小姑感到骄傲吧，虽然他从不说。

勇气其实没有我们想象中的高大上，我们都是凡夫俗子，包括小姑也是平凡人。我们没有拯救地球的超能力，也没太大的野心，我想小姑在文章中说的勇气是面对困难，走出舒适圈的勇气，在生活中把美德实践出来，不是在脑袋里空想，做个幻想中的圣人，自得其乐。小姑一直是很实在的人，勇气是她的善良化成的力量，她用一生成就了勇气的实践，从小时候为了奶奶挺身而出，到勇敢为爱出走，完成未知世界的探索。

当我小学六年级时，被选中代表学校参加当时很红的电视节目《大家一起来》，主持人是赵树海[1]先生。两队需要回答几个问题，对抗拿奖金。这是我第一次上电视节目，很是兴奋。

“小姑，我下星期要上电视了。我们五个同学要去参加《大家一起来》，我要先准备一下。”我从学校回来就跑到小姑身边，有点炫耀的心态。

1　中国台湾的主持人、演员、音乐人。

小姑了解当时的我是个害羞的孩子，也有点胆小，只有在她身边有安全感，所以也活泼起来。“那我们来练习一下吧！”

小姑把饭桌移到饭厅中央，让我和姐姐站在饭桌后面，当作是答题桌。她自己扮演主持人，开始问我们模拟试题。

“《巴黎圣母院》的作者是谁？”

“雨果。”我激动地拍着桌子抢答，昨天才又翻了这本书。

“《茶花女》的主角叫什么名字？”

“玛格丽特。”姐姐最喜欢这本书，抢答也比我快很多。

“接下来这题没有对错答案，要说说自己的想法哦！”明明电视节目里没有这种题型，小姑硬是来个创新。“说说你为什么要来参加这个节目。”

小姑的题目看似简单，要回答出亮点却不容易。

“没有这一题，我不会答。”我常常因为小姑的创意措手不及，却也佩服她的心思。

“你们拿出笔记本写下想说的大纲，再写成段落。”小姑开始教我们演讲技巧和准备方式。

就这样，我们写下想法，从罗列大纲到写成几个段落，小姑帮忙修改润饰，再让我们大声朗读出来。

小时候我并不爱说话，虽然在校成绩不错，也做过几次班长和模范生，但上台演讲一直是个死穴，最多硬背几句，说完就匆匆下台，谈不上享受其中的乐趣。

“好的演讲首先演讲人要自己很开心，很愿意分享内容，把台下观众当成自己的朋友，就是聊聊天，只是你在台上他们在台下。”小姑说起她多年经验，“台上一分钟，台下十年功，准备工作很重要。”

“小姑你的演讲都很像在聊天，都很好笑。”我一直觉得小姑的幽默感很强，总是带给人欢笑。

然后我们三人把稿子重复背诵练习，一道不会出的考题被小姑教得很有趣。直至今日我常有演说的机会，她的声音也总在我耳边。

我们平凡人未必能牺牲生命做个大英雄，能够克服自己的恐惧走出舒适圈已经花费了很大的勇气。身为创业路上的长跑者，还要天天接受不同的挑战。第一次谈项目时的胆战心惊，第一次销售时的不知所措，面对冲突时的不卑不亢，都需要平凡人的勇气、练出来的胆子和撑出来的心胸与沉着。我从害羞的小女孩变成了今天享受工作的女汉子，虽然还在学习，但很感谢当年小姑的启发与鼓励。

▽ 三毛在台北街头

多数人对三毛的认识是从《撒哈拉的故事》开始的，书中流浪异国的女子要面对各种读者很难想象的困难，生活中每天上演各种文化冲突甚至是欺凌，还有离家的想念和对战火的恐惧。我常常想，一段爱情真能够全能地包容所有现实的缺陷和人性的挣扎吗？我是没碰到过这样让我奋不顾身的爱情，不知道有多少读者碰到过，也真算是幸运了。

三毛的前半生是自由的，心灵和行动上都是，这是很多人一生渴求的境界。当时三毛住在阿雍旁的小镇上，相对于三毛，那里的女人却没有太多自由。《悬壶济世》一文中，沙哈拉威女人因为不愿意找男医生看病，情愿让小姑这位半路出家的沙漠医生看病；《娃娃新娘》中的姑卡，十岁已经嫁作人妇，父母之命没得选，只能认命。不同文化下，女人的地位不同，享受的自由程度也不同。小姑总说我们很幸运，城市中生活条件没有沙漠中的艰苦，但当时我还真不知道自由这东西的使用方式，只是单纯知道这是个能让人产生能量的好东西。

有一次放暑假，小姑打算和我们姐妹俩来段两天一夜的小旅行，还让我们自己选地点。两个十几岁的孩子心里只想待在奶奶家吹冷气、看卡通，随时随地有吃不完的甜食和奶奶无限的宠爱，根本不想大热天去不熟悉的地方过夜，更何况我们还不知道这两天一夜会不会很辛苦。从大家熟悉的小姑喜欢的游历方式里我只得到一个结论，就是小姑总喜欢往条件差的地方跑，这次不知道会带我们去哪里，我有点害怕她的冒险精神和半夜袭来的蚊虫。

“你们想去哪里呀？小姑听你们的。”小姑居然毫无预警地把选择权交给我们，当幸福突然来临时，总是让人不知所措。

“嗯，我们想想吧！”这事关乎之后的四十八小时是舒适还是辛苦，两个小孩必须好好商量一下。

“我们去翡翠湾吧？”

“翡翠湾上星期才去过，海边会很热，我们去乡村里吧！”我和姐姐很快决定。

“好，那我们找个乡村，小姑认识一些从事文化工作的朋友，我可以问问他们。但是不能太远，小姑不太会开车。”小姑很爽快地答应，还抛出另一项功课，并且说，“这一路上你们轮流做决定，我就听你们的。第一天姐姐做决定，第二天妹妹做。”

我们两姐妹从小被爸妈和爷爷奶奶宠惯了，虽然懂得好好念书，做个乖孩子，偶尔勉强自己陪爷爷去运动，最开心的是听小姑说故事，但做决定这项功课却从来没碰过，也从没人教过。

接下来的周末，我们跟着小姑来到一个乡村。至今我想不起来那乡村的名字以及在东南西北哪个位置，但是脑海里的片段画面却很清晰。小姑用她不太熟练的车技驾驶着那台马力不是太大的小白车，是怎么开到山上那村落的，至今也是个谜。在零碎的记忆中，车子是停在村子外面，我们在一群小姑的朋友带领下，边聊边走进这个神秘的村落。下车时我有些疲倦，相信独自完成几小时车程的小姑更是如此，她却还是很礼貌地和朋友、村民们问候，因为她知道这群人已经等待多时，一肚子的话看到车子远远驶近时早就憋不住，如果代入现代人的场景，就是等待恋人上线时的期待，一秒也是煎熬，续发的热情难以掩饰。

我们面前是一条很小的路，走着走着前面是段山路，然后再要沿着山壁走。小姑一路很高兴地浸身在山野中，完全准备好好享受这个周末的逃离，我想我们是选对地方了。我小心翼翼地走着，因为很少离开城市而感到不适应。天空阴沉沉的，脚下踩着的软软的泥，空气中湿湿的草味，都是我的童年中很少接触的。小姑在我们孩子心中也是另一个孩子，谈不上母亲的角色，不指望她能照顾生活，倒是可以让我们玩得很开心，也有一份她在身边的安全感。

几分钟后，我们来到一间农家红砖房前，房子并不大，门敞开着，里面看起来很黑，也没有声音。

“曹奶奶，他们来了。”一位在队伍最末端的大婶大声地叫喊，好像生怕被人抢了她的台词。

我们停在这房子的门前，因为没有人回应，大家都不敢进去。我偷看了小姑一眼，她拿下帽子擦着汗，没有半句怨言。

那位刚刚大喊的大婶果然是行动派，从队伍末端一下子走到前端进了屋里，探头看看，然后回头跟我们说：“奶奶大概在厨房没听到，两个女孩在呢！”

我听出这是我们今天要住的地方，而且还有两个女孩做伴，应该会是不错的周末。

我们终于进了房屋，几个大人加上我们两个小孩已经把客厅挤满。

大家把小姑围在中间，一边朝着里面大喊：“曹奶奶，三毛来了，你写信给她，她就来了。”

那位曹奶奶围着围裙从里面走出来，她是一位皮肤黝黑、不太高的中年女人，并不是他们口中的奶奶形象。

“三毛！你真的来了！”

她冲上去给我小姑一个大拥抱，旁边的人开心地笑，我和姐姐却不懂发生什么事，只是跟着干笑。小姑和曹奶奶问候完，一转眼看到坐在墙边木头椅子上的两个女孩，大概和我们一样的年纪，两个都穿着灰色衣服，闭着眼睛，双手下垂，到肩膀的头发很凌乱。两个女孩都一言不发，我想我们这群人吵成这样她们还能睡着，一定是很累吧！

“天恩天慈，快点过来打个招呼。”小姑的声音穿过人群把我和姐姐拉到她们身边。

我们在那两个女孩面前站住，说了一声“你好呀！”左边那个女孩回了一句“你好”，另一个没说话只是笑笑，眼睛还是闭着。

“好啦，拉拉手吧！”小姑说着把四只小手放在一起。

我和姐姐沉默了。这两个女孩眼睛看不到，耳朵却往上扬着。我和姐姐从小也有近视，所以对这一幕感到特别震撼，不敢走也不敢留。

我们不懂小姑来这里的用意。晚上我们没有在这儿睡，而是开回了台北。回到奶奶家，才知道小姑是因为看到曹奶奶家的空间有限，留下来确实打扰。

那天晚上睡前，我忍不住问：“那两个小孩是看不到吗？”

“是的，我们去是给她们加油打气的。曹奶奶给我写了信，希望我过去看她们，她们常常听奶奶念我的书。”

小姑看起来已经筋疲力尽，我们也就乖乖在她卧房旁的小客厅地上打地铺睡了。这天本来该姐姐值班负责做大小决定，结果我们完全忘了这件事。

一星期后，有几个小姑在文化大学的学生来拜访，一群人在小客厅聊天嘻闹，大家都很开心。每个人都说了毕业后想去哪里、做什么。有的人想和小姑一样先狠狠地逛遍世界一圈，有的人想找份好工作，有的人想等男友当兵回来结婚，每个人都有不同的选择，一切都很理所当然。突然那四只不一样的小眼睛出现在我的脑海里，不知道她们有没有想去的地方，想做的事？她们想上大学吗？她们是不是也想去小姑的撒哈拉？她们有多少选择？我们又能帮上什么忙？一时间我为自己的木讷而内疚，没能和她们好好聊聊，只是呆呆地站在小姑背后，什么也帮不上忙。

自由不是随心所欲，不顾后果。自由是在有选择的权利时懂得做决定，在没有选择时保持心灵的自由。人活在世上，太多牵绊，太多不自由，有时候甚至还是自找的。我是个俗人，没能做到说走就走的潇洒，也没能做到想说什么就说什么，常常因为顾忌尴尬，硬生生把抱怨咽了下去，然后回家自己懊恼。所以我想小姑是想告诉我们，自由就是选择，而有多少自由就有多少选择的可能。因为文化和时代不同，女人确实需要更多的付出才能替自己争取到更多的自由，女人的坚毅也不容小觑。小姑曾说："我是一个像空气一样自由的人，阻碍我心灵自由的时候，绝不妥协。"随着年岁增长，生活的担子让我们也只剩心灵上的自由能继续守护与珍惜。

1981年，小姑从南美洲回来写了《万水千山走遍》，讲述墨西哥、洪都拉斯等地的游记，当时也做了很多场巡回演讲。小姑的行程一向是马不停蹄，常常回到家都是带着剧痛的喉咙、榨干的脑筋，相信压力并不小。

有一次小姑在国父纪念馆演讲，我的小学老师因为买不到门票，带着两盒三十六色的彩色笔前一天晚上来家里拜访，我父亲好不容易跟出版社拿了两张票给我的老师，第二天的美术课上，我的作品多了很多色彩，老师也顺利进入演讲厅。

那场演讲，人特别多，室内都坐满了。室外的广场上也布置了座位，没有买票“微服出巡”的爷爷就坐在室外的水泥地上听小姑聊了两小时，回来一直说旁边的学生不停在喊着小姑名字，吵得他听不清楚自己女儿的声音。

“妹妹呀，你累吧？今天人好多，我坐在外面，旁边的学生看到你出来都哭了。”爷爷等小姑一进门就抛出一句，父亲对女儿的支持含蓄而真实。

奶奶早已在厨房准备了饭菜，知道小姑一定是一场场访问接着演讲，根本没时间吃饭，又常常一聊起来就忘了吃饭。台上的三毛，侃侃而谈；台下的陈家女儿在父母眼中是最不会照顾自己的。每天三更半夜才开始写作，灵感一来，不吃不喝也要写，一坐就坐到天亮，腰酸背痛外加肚子饿是家常便饭。

小姑跟我说演讲的技巧就是台上一分钟，台下十年功，每次演讲前小姑更是要花很多时间准备，埋首书案。我和姐姐常常在奶奶家过夜，不肯回家，小姑卧室旁的小客厅就是我们的卧房。常常夜里我一翻身，望过长廊看到小姑卧室的灯还亮着。小姑阅读的速度很快，她有时会念她的新作品给我们听，一张张薄薄的稿纸散在床上，斜斜的一字一句，是小姑仔细斟酌下的心血。她握着笔的手指很细，有着我们家遗传的皱褶，握笔力度体现了那个年代人对工作的认真。她的坚持是一字一句的自我要求，她的修改再修改是力求完美的自律。

就在上次小姑教了我们演讲技巧后的一个夜晚，我好奇小姑是不是自己也实践她的理论，就跑到她卧室，打算侦查一下明天要上台的小姑是怎么准备的。

“小姑你在干吗？”我故意问。

“我在准备明天耕莘文教院的演讲。”小姑看起来很忙。

“那么累，有赚很多钱吗？”从小就很实际是我的天分。

“没有，不收钱的。”小姑和我相反，常常兴之所至忘了收钱，讲的人开心听的人受益就好。

“那你讲那么多场干吗？干脆不要讲了，和我们去翡翠湾玩，奶奶说你写字太多背会痛。”我很喜欢去小姑在翡翠湾的海边小公寓度周末，听她讲故事。

后来小姑又一连讲了三场，每场两小时，场场都爆满。她没有让听众失望，却让家人很心疼。这是女人的坚毅，也是对喜欢她的人的感谢。很多人崇拜三毛的天分、善良和浪漫，却鲜少人知道她背后的努力，长年挑灯夜战造成的僵硬的背和肩颈。我常常被指派的任务就是拿小姑收集的石头往她的背上敲。小孩使出全身力气，长年病痛的小姑还觉得不够，在旁边的奶奶是多么不舍。

如今我在电脑上敲着键盘，也是半夜时分。我没有小姑的文思泉涌，但也能深深地体会小姑的辛苦。万事起头难，坚持更难。沙漠中练就出了小姑的吃苦耐劳，把坚毅藏在温柔的外表下。小姑的好友桂文亚老师曾在《三毛——异乡的赌徒》中写小姑曾对她说：“你的失败，比你的成功，对你更

△ 三毛在中国台湾嘉义县曾文水库度假村

有用！我之所以写作，也只是有感而发。我的文章，也就是我的生活，我最坚持的一点是我不能放弃赤子之心。”小姑青春正茂时写出《惑》《极乐鸟》等，都是少女内心的憧憬，《撒哈拉的故事》却是扎扎实实的生活，没有新婚的浪漫，只有生活条件的匮乏带来的窘境，处处是困难和努力适应。

我想，写作是小姑的自我疗愈，也是她对自我成长的梳理，甚至是自我安慰和鞭策吧！安慰自己现实的不美好之余，鞭策心里那个小女孩快快长大。也许有时候我们以为成就了某件事，事实上是某件事成就了我们。坚强隐忍的过程，疗愈了我们最不想面对的无奈与失落，一个女汉子也就被自我养成了。

《梦里花落知多少·春天不是读书天》节选

春天来了，没有人在读书。

……

我的日子不再只是下课捏雪人，我的日子也不只是下课咖啡馆、图书馆，我脱离了那一幢幢方盒子，把自己，交给了森林、湖泊、小摊子和码头。

那种四季分明的风啊，这一回，是春天的。

三毛

学渣有奖

小姑是个很少看电视节目的人，却是第一个介绍益智游戏和节目给我的人。

前几年我在网上也看到一档很优质的节目《最强大脑》，就是那个让人开始怀疑自己的智商，又羡慕别人聪明才智的节目。节目中从全中国甚至全球网罗各式各样的记忆大神、大力王、数学天才、语言天才等，他们都负责在这制作精良的节目里让人满地找下巴，还心甘情愿地奉上如雷的掌声。有一次播出的节目里有个年轻人拥有超强记忆力、观察和分辨能力。测试的方式也很古怪，我身为观众，除了惊叹选手的出神入化，更惊艳于节目组的创意，考核方式既具难度，也有趣味，这次还很应景，更有小幽默。

这次选手必须分辨一百个小笼包，其中有两个里面分别放了福、寿二字。此后所有一百个小笼包一起放进蒸笼去蒸，参赛选手要从一百个包子中找到那两个放有福寿铁片的包子。这包子在一般人眼里就是一口吃下的美食，刚出炉又特别香，选手却得忍着嘴馋，仔细观察看起来一模一样的包子，努力分区记忆它的特征，再一一记在心里。

每回看到小笼包，都让我想起我们家去餐馆吃小笼包的情景。小姑每次都会搞笑地说："看看这绑了发髻的汤圆！"然后把孩子们逗得很乐，还把头发往上抓起，模仿起绑了发髻的小汤圆。现在看来就是流行的刺猬头，加上一点褶子和流行的乳白染剂。蒸笼一上桌，热气扑鼻，小孩如我傻愣愣地盯着这些发型时髦的汤圆看，就会被大人念着说："快吃呀！趁热吃，包子是用来吃的，不是用来看的。"如今看过这节目的我就能回嘴："《最强大脑》上的包子就是用来看的。"

儿时玩的七巧板，是小姑从国外带回来的。一个方形的框里要放进七个大小形状各异的木板，小姑常常还要考验时间长短，虽然她自己也未必会在限定时间内完成。那是我接触到的第一种益智玩具，无聊的时间总被小姑拿来比赛，还会跟我们说很多国外益智节目的内容，当时看不到太多国外节目，所以我们只能靠想象和小姑的讲故事天赋，也对这种脑力激荡游戏产生了兴趣。

网上很多的三毛金句，我特别喜欢小姑说的："一个人至少拥有一个梦想，有一个理由去坚强。心若没有栖息的地方，到哪里都是在流浪。"天才也需要普通人般的努力，无论是天生脑细胞数比一般人多或是后天的训练，都需要有超乎常人的毅力。从小家里就教育我们要成就别人成不了的事肯定要忍受，坚持做别人做不到的事，克服别人克服不了的困难，对心理质素的要求也高于一般人。我们小老百姓和特斯拉的马斯克何止是智商的差别。人家不计成败地试射火箭，就为了完成送人类遨游太空这样一个看起来不可能的梦想。中间不知经过多少挫折，再加上不屈不挠和无边界的创意，可不是一般在家玩手机的阿宅们做得到的。其实不用多，只要比一般的自己少点拖延，多点努力、坚持和信心，你也可以上太空。

从小家里从没在课业上要求我们什么，成绩好坏在我们家从来就不是个上得了台面的话题，完全比不上哪家餐厅好吃，哪家书店出了新书这样的话题能吸引家人的兴趣。学业上我们一向是自己搞定，然后好坏自己负责，要补习、要家教也是自发决定，家里可以提供支持，时间上安排好就好。但在品格培养和礼仪训练上，却对我们训练严格，从没少要求过。在奶奶家吃饭可是件大事，摆好碗筷是我和姐姐两位小童工全权负责的工作。有几个人，谁坐什么位置，碗筷、碟子、餐巾纸放正，两根筷子高低齐平，都不得马虎。长大后有幸去米奇林餐厅吃饭，看看这些摆餐具的细活儿，我可是从小受过训练的，对此并不陌生。

小孩要先上桌等大人入席，但是不能碰筷子，再饿也不能先吃，虽然奶奶每次都说“你们先吃，没关系”，但我可不想冒被骂的风险，就硬生生把口水咽了下去，心想还是再等一等吧！

“去请小姑吃饭。”奶奶吩咐。

对的，这也是我们两小童工每天的工作重点。我们知道边跑边叫不礼貌，又想赶快完成工作回饭桌上吃饭，就前后摆臂健步跑到小姑的房间，用上小孩的快速敲门法，咚咚咚！咚咚咚！

“小姑，吃饭了！”

一推门，两张小脸一左一右张望，奇怪，小姑怎么不见人影。我们只好跑到旁边看看，原来小姑在她的专属小客厅里听音乐，穿着白色袜子的双脚跷在木头茶几上摇呀摇，很陶醉的样子。

“You are my 张三，my only 张三。”

当时英语水平非常有限，只听得懂“You are my”，而“sunshine”硬被听成了“张三”。至于谁是张三，就懒得追究了。

沉浸在音乐里的小姑也不解释，回话说：“我听完这首张先生的歌就过去吃饭哦！”

等爷爷奶奶坐好，大家也入座了，可别以为就能吃了，还有件大事得先执行。

“亲爱的主，谢谢你赐下我们日用所需的恩典，也谢谢你赐下桌上丰盛的饮食，求你洁净桌上的饮食，让我们吃了身心灵都得着健壮。感谢主，赞美主，这样祷告是奉主耶稣基督之名，阿门！”

然后，如果要加上其他感谢和祈求的话，就会有只小眼耐不住地偷偷睁开瞧瞧，往盘里的大黄花鱼瞧，顺便也瞧瞧旁边的姐姐。嘿！果然她也在偷瞧，我们四目交接，互相回敬一个长舌头，双手还是紧紧合十着。偶尔也会看到小姑好像早知道我们的伎俩，努力忍着笑，有时眼睛还是紧闭着或者跟我们眨个眼，就当作是我们三人之间的秘密。只是至今无法证实小姑是否看到了我们俩姐妹的这一幕，偷笑却不说穿，她总是纵容我们的天真并且默默欣赏。

除了餐桌礼仪，在我们家身体健康也很重要。爷爷虽然文质彬彬，是位谨慎的律师，不过他也是一名运动爱好者。如果当时有健身房，他可能是里面年纪最大却最勤奋的会员，分分钟练出六块腹肌，放上微博秀秀，我们也因为有个精神奕奕的爷爷感到骄傲。爷爷从未放弃培养我们几个小孩成为运动健将的梦想，或者说是幻想。他希望有一天我们能在球场、田径场挥汗，然后他能在观众席替我们鼓掌加油。可偏偏我们一直不爱运动，天生手脚不协调，也常发懒不想动，体育课能躲则躲，墨菲定律就是如此。在我们小小心灵里，不能好好坐着的这堂课可是难度系数最大的一门，体育老师则是我最害怕又最崇拜的人。其实，运动这种事，就像吃青菜一样。小时候很多小孩都不喜欢，长大后为了健康，为了健美，自然会尝试了，还是发自内心、心甘情愿并引以为傲的那种。也就是说，运动这事对年幼的我来说不是不动，是时候未到。

总是不按牌理出牌的小姑却来了个创举，有一次暑假，居然帮我们请了个家教老师。小姑从来不过问我们的课业，怎会心血来潮主动给我们请什么家教？不是数学，也不是英语，更不是她专长的中文，而是爷爷最重视的体育！！！这对年幼的我来说可是个晴天霹雳，说好的在家吹冷气、看漫画

▷ 三毛和作者姐妹俩

的暑假，怎么就这样每天被活活拖出门上课。爷爷以前是网球高手，常常带着我和姐姐去球场看他打球，我心里常想，这种快速跑来跑去，要求极强专注力和臂力的运动，还真只适合看看就好，至少服装很漂亮。

“是网球吗？我跑得很慢。”我吓坏了。

“网球还不行，你们还要练练体力。”小姑误会我想学网球。

说是家教，就是一对一的小班教学，盯着你不得偷懒，陪着训练体能，陪着打发暑期时光。每天吃过午饭，下午两点就得换好体育服装，穿上跑步的球鞋，被送到邻近的台北田径场准备上课。那里好多人在运动，有人跑步，有人拉筋，有人做体操，有人玩球，有人快走，有人就只是来看看。空气中弥漫着浓浓的汗水味和活力，还有人默念“我要健康”的宣言，大概没几个人是像我们两姐妹这样被拽着来上刑场的。

开始是几个简单的热身动作，拉拉筋，了解一下平时的运动习惯，其实我们根本连散步习惯都没有，只是偶尔跟爷爷去公园，在铁栏杆上爬上爬下，溜滑梯，荡秋千，运动量极小。第一堂课只是试水，让我们知道什么是自主运动。先来二十个仰卧起坐，我们在草地上躺下，轮流压着脚，慢慢地用小肚子把沉重的身体拉起，老师在旁边数着数。我心里想起中午奶奶做的青菜煨面，还有早餐的红豆面包，肯定都在肠胃里混在一起翻滚。平生第一次感觉自己的头好重，怎么拉都粘在草地上，一动也不动。再来就是重头戏——跑步。田径场的跑道跟我真不熟，那么大个圆，一步步跑了几圈，转得头都昏了，仿佛脚上挂了千斤重的石块。训练需要坚持，大热天的暑假，我本该趴在客厅沙发上，画着小姑送的那一大本叫《我的童年》的空白书，完成我的旷世巨作，画出自己的童年，怎会满身臭汗，黏答答地在这儿被烤焦。小小年纪的我只想冲去街口买橘子口味百吉冰棒，还有赶快回去跟小姑说我再也不要上体育家教课了。

一分一秒，终于熬到下课。爬回奶奶家，饿成两只小狗的我们拼命往嘴里塞小熊饼干配冰牛奶。

“今天好玩吗？”等了我们一整个下午的小姑兴奋地问。

“好玩，老师好棒，跑好久都不会累，还能和我们开玩笑说话。”我说着，手里赶紧抓一把饼干，以免被姐姐抢走。

“那好，以后阿爷可以多带你们去跑步。”小姑开心地说。

我姐姐瞪了我一眼，不知道是因为我说错话，还是因为我抢了她的饼干。

很快又到了下周的上课时间，怎不见老师？换来了老师的两位女学生，一个长发，一个短发，照顾我们这两个不爱跑步的小孩可是件苦差事。跟上次一样从热身运动开始，我常常觉得热身的运动量对我来说已是极限，热完身，全身已经发软了。这两位临危受命的女学生不但人长得美，而且很有耐心，对于我们两个耍赖的学生一直是连哄带骗地尽量让我们多动一下也好。当时正值爸爸妈妈从东南亚旅游回来，天空飞过一架飞机，我抬头仿佛看到回家拆礼物的幸福场景，眼前看不到终点的跑步也就有了盼望。

小姑在我们童年里说过最出名的一句话就是“你们考最后一名，就有奖”，这句话一出，常常把旁边的爷爷奶奶、爸爸妈妈都给吓坏了。这倒转的思维，像是倒着跑步的人生，不求最快，只求不同视野的愉快童年。然而，这种颠覆了固有求学观的打赌竞赛并没有想象中容易。

我在心里盘算着怎么拿到小姑准备的奖品，真得好好拟个“不读书计划”，设定个小目标，先退后十名，再二十名，再三十名，一步步朝最后一名的宝座努力前进，不对，应该是倒退。每次考试时，老师那尖锐的眼神，再加上道德感驱使，我不得不诚实作答，怎能明明会答的试题装作不会答，这是对辛苦出题的老师不尊敬呢！然而这场竞争，班上的对手可不少，一个个虎视眈眈，不念书、不做数学题、不记单词、不背课文、上课睡觉，连闭着眼睛都会的公民与道德都可以考个不及格的“好”成绩，真是个中能手，我自叹不如。我的“强项”只是记不住文言文课文，数学题和我关系也不太好，其他就没什么竞争力了，成绩老是在前几名徘徊，一个不留神，还跑进前三名，离得奖的最后一名目标越来越远。

小学班上有五十几位同学，要考到最后一名和第一名，难度同样都很高，还得算得准，一名不差，小姑也真是会出难题。

有一次我拿了成绩单回家给爸妈和奶奶看。小姑在旁把玩着她在各地收集的石头，嘴里哼着不成调的音符，一眼瞥见我的成绩单，摇摇头，失望地说：“又是九十分，你什么时候才能考个最后一名回来，给我开心一下，我带你们去吃仙草冰或爱玉冰。”可是事与愿违，我又再一次让她失望了。不怪竞争对手太强，只怪自己能力不足，有负所托。前一和后一都做不了，只能做个平凡的中等生吧！

从小做班级后段学生的小姑，在《闹学记》里曾说希望教室就像一个游乐场。她努力在我们这两个小孩身上实现这个梦想，从田径场到教室，处处希望我们找到欢乐，享受学习。我们这两个孩子也在她为我们建构的游乐场里开心地写下童年的回忆故事。

这个学渣奖，我终究还是没能得到。其实小姑也就是让我们明白一个道理，她总是用好玩又有创意的方法来启发连很多大人都不明白的道理。从小喜欢一个人阅读的她，从来和学霸无缘，在学校也不是讨老师喜欢的学生，在那个年代受尽委屈。长大后我才明白没有什么学霸和学渣，全看你的专长在哪儿，兴趣在哪儿。在数学上的学渣，可能是语文学霸，反之亦然。高分就能称霸，少几分就变成渣了，其实“霸”和“渣”的差别也不过是排序方向和观看角度的不同而已。人生在世，则是点线面、长宽高，甚至是四维空间的集合，是多维度的呈现。好与坏、对与错，岂是一条直线上谁先谁后就能简单评断的。只要保有一颗爱学习的心，都该颁个奖项给自己鼓励一下，不管你是学广场舞的大叔大婶，还是学走路的三岁小孩。学霸或学渣都不重要，只要不停学习，都能活出属于自己的精彩，享受这游乐场课堂，并在人生跑道上得到喝彩。

▷ 三毛和父母、作者在圣心女中

《流星雨·钱不钱没关系》节选

我觉得一个人追逐金钱，绝对不是只为了“我爱钱”，而是因为他们知道钱后面有它高贵的意义在，而我已经跨越了这一步。衣食住行统统有了之后，金钱对我已经不是很重要了。

……

富，是在于怎样有智慧地支配金钱。我很会花钱，一百块台币我可以花出很多种类，我是一个很会用钱的人。

三毛

羊毛出在羊身上，猪买单

先入为主是种可怕的习惯，或者说是人性。常常有人把我定位成在文字里打转的文青，虽然我很享受文字世界，对于这个标签我也不反对，只是我的世界也不是只有和文字打交道，还有很多现实问题。虽然不美也不高大上，却是真实的生活，充满挑战性，我也享受其中的真实和美好。多元化的日子让我们的人生更丰富，也看见各式各样的风景，认识些有趣的人和故事。正如当年小姑常常和各行各业的人交流，从街边卖盐酥鸡的小贩、沙漠中的旅人到文学教授、西班牙杂志总编，她总说每个人都有自己独一无二的故事，值得花时间了解。

刚来加拿大时，每次和不同国籍的同学聊天，话题总是停留在文化差异的客套话上，或者是谈谈无关紧要的天气。彼此以为对方喜欢什么，以为对方是怎样的人，以为对方会有什么反应，一堆的以为来以为去。我们华人就以为西方人很会运动，数学很差，嘴巴甜会说话，很懂得过生活，是享乐派。相反，西方人就以为华人个个可以心算出十位数的算数，都是爱炒房的富二代，都会功夫，并师承李小龙。我和小姑一样，从小数学就不是强项，本以为来到加拿大，抱着侥幸心态，以为有机会因为西方同学更差而显出我还算不错，结果事与愿违。幸好现在只要有手机，汇率可以自动换算，至少钱不会算错，还能掩饰一下我的短板。后来发现，西方也有很多工作狂，脑子里内置计算器，篮球场上来个上篮总是光投不进，上台演说简直要他命，而且还很爱老干妈辣椒酱。

一般人眼中的三毛是个作家，大家从书中认识她的喜怒哀乐、异国生活趣事，从中了解她的那股仙气。这几年，有很多朋友跟我聊起三毛，也常看到微博、微信和网上的评论、各种原创文章的发表，字字真切，句句动情。有人说有幸今生看过《撒哈拉的故事》，这是何等大的赞美，感谢再感谢。同时，我也在想，从家人视角来看，这位我们小时候接触的、看起来平凡的家人，原来不只给我们很多欢乐和新鲜的观念，在同一个时空，甚至多年后的不同时空里，还有好多认识或不认识的人都受到她很大的影响和启发。当时年纪小，只知道上街会有人要小姑在书包上签名，还会顺便拍拍站在旁边的我和姐姐。签完名，她又变回到我们的小姑，一个好玩有趣，不会骂人，不会啰唆，喜欢生吃红萝卜，要我们勇敢做自己，也有点小聪明和调皮的亲人。

当时台湾流行掌上电动玩具，任天堂最火，但是没有彩色的，还是黑白机。同学个个都有，每天都会带到学校交换玩。在班上，我因为喜欢玩不同种类的掌上电动玩具，就做

△ 三毛在圣心女中的园游会上

起了小小中盘商，系统化承接交易，仔细把同学有的机种和游戏整理成一个清单。同学们来我这儿集中交货，我帮他们详细登记游戏种类，检查机器是否能正常运作，记录借出和归还日期、借机的同学姓名，并和其他班的同学交换我们班里没有的游戏，当然其他班同学也能来我这儿挑选我们班的游戏，我的好处就是每个游戏借我玩几天。谁说小孩没有商业模式，这可是共享经济第三方平台活生生的真实案例呀！后来，有幸得到资方入股，就是我的生意人老爸，小姑口中的俗人，给我和姐姐各买了一台任天堂。转眼间我成了有产阶级，这小生意也立马有了质的提升。

我的是绿色的机子，左右两边按键就是标准的任天堂按键，到现在这设计也没多大改变，上下左右和跳起键。游戏是一只小猴子，爬上爬下，翻山越岭，还得打败很多怪兽，吃一堆香蕉，流着满身大汗，就为了救另一只只知道吃香蕉、晒太阳的母猴子。同样是猴子，怎么有的就能吃蕉坐等别的猴来拯救呀？原来这游戏，用心良苦地教我们一个道理：虽然猴生而不平等，但是助人最快乐。游戏界我真服了任天堂的寓教于乐。

卖游戏机的是对面巷子里的书店，这书店因为有卖小姑的书，所以和我们很熟悉。选了很久，终于买到新游戏机的我可真是开心极了，从学校到家里，再从家里到学校，每天和那只小猴子忙着拯救行动。

玩了几天后，有一次在奶奶家玩起摆地摊的游戏，把一些玩腻的玩具加上零食、故事书、漫画书和文具通通出清存货，就像现在的周年庆和“双十一”特卖，不同的是当时是实体店的小本经营。为了吸引客人，其实也就是家里来来往往的大人，也得有点广告，于是我们像模像样地用彩色书面纸写了张大海报——跳楼大拍卖，一件不留。当时也不懂，一件不留就代表着所有玩具都没了，却能换来更多资本进货。

一家小店，小店主没什么心思招呼客人，只是盯着电视上的卡通《小英的故事》。一个客人上门了。

“这铅笔盒怎么卖呀？”小姑是第一个，其实也是唯一有童心跟我们闹的客人。

我心想，真有眼光，这铅笔盒只是摆着充充场面，日本制造的正版双子星娃娃图案，双层自动弹开系统，还有橡皮擦专属隔间。这等级的铅笔盒，要是在现代，肯定来个人工智能，手机应用程序控制灯光系统，让你三更半夜也能写作业。这可是我的镇店之宝呀！根本没打算卖的。

“这铅笔盒很贵，要一百块。”我回答说。

对一个小孩来说一百台币就是天价了，心里想着你肯定觉得贵吧，想让这位唯一的客人知难而退。

“我不用铅笔盒的，我看看其他的。这些全部都要卖？一件不留？”小姑问。

销售第一门课，就在这简单的问话中展开。一时间，孩子的内心戏很多，脑子里高速运转着。想起平常在旁边听老爸谈生意，以为自己也学了些，初生之犊不畏虎。买方卖方各怀心思，一来一往，还带着戏。买卖跟年纪无关，全看诚意，当然前提是产品质量要好，服务要到位。小姑站在如来佛的制高点，看着这孩子怎么耍猴戏。孩子认真起来，可是当笔大买卖在做。

“是呀！慢慢看哦，喜欢可以拿起来玩。”我带着大大的微笑回应，毕竟客户体验很重要。

小姑也很当一回事，来回仔细端详每件商品。她拿起一本《老夫子》漫画书说：“这里面有涂了色呀！”另一本《基督山伯爵》画了线。“这本也有画线，谁画的呀？”

小店主生怕被这位道行很高的客人讲价，连忙说：“是呀，涂了颜色好看，画了重点比较容易看，免费送的服务。”

小姑看着这个为了赚钱，小脑袋转得很快的小孩，接着指着一个白色泰迪熊说：“这小熊身上有脏东西呀！”

“那是阿娘煮的面条，你也喜欢吃的那种。”

小姑开始觉得这小店主可不容易，生意虽小，一句句对话在空气中来回过招。其中很多玩具还是小姑从国外带回来的，无本生意真是好赚。

“那个小钱包是不是欧洲货呀？哪儿来的呀？”小姑逗着我们问道。

在旁边一直没出声的姐姐抢着答道：“是你自己给我们的呀，哈哈！你都不记得了，是你在欧洲买的，我们有两个。”

我们通过简单的摆摊角色扮演学着如何推销自己，优势和劣势，客人的需要和问题，能提供什么解决方案要先搞清楚。当时我们可不知道什么成本核算、市场分析，全凭孩子的单纯善良和客人的信任。2013年，我去了趟乌镇，街边小贩的叫卖声、讨价还价、商品陈列、努力讨生活的样子，一秒间带我回到童年的这次摆摊初体验。

“在这儿开店多久啦？东西还不错呀！”

我心想，小姑好入戏呀！我当然也得好好配合演出。

“新开的，都是爸妈买的东西。”我天真地说。

“那本《基督山伯爵》好像是我买给你们的。”

小姑常常会带我们去东方出版社买书，都是以箱计算，原来她替我们选了哪些书她都很清楚，也不是随便挑，只负责付钱不管内容的。她知道我喜欢侦探推理故事，姐姐喜欢公主王子幸福快乐故事，本本都记在心里，也期待我们看完书会有不同感悟，或者只是单纯地从中得到快乐，也已足够。

如果当时年长几岁，肯定不会把货品来源跟客人说的，可那时的我还是个商场小白，也就知无不言了。拉扯了几十分钟，奶奶来问我们要不要吃包子，我说好。

小姑说：“买东西还送包子吃呀！”

“是呀！”

后来，我们就坐在沙发上一起吃起了包子，边看卡通。

小姑好像忘了这笔悬着的买卖，顾左右而言他。我当然想尽快成交，心里七上八下。后来长大做生意，这种悬而未决的买卖比比皆是，每次我都想吃个包子给自己压压惊。

小孩子哪儿沉得住气，我忍不住了，于是说："那你要买什么？"

小姑说："就买你画过的那本《老夫子》，还有《基督山伯爵》。"

原来我的涂鸦还有点价值。收钱交货，客人转身看到那个任天堂的游戏机。

"这个多少钱？"

小姑肯定是观察到我最近迷上这游戏，故意说要买走它，试试我的反应，看我会不会舍不得。有时候大人就是爱逗小孩玩，然后得意地在旁边偷笑。

"很贵，一百块！"

"好，我买。"小姑当然知道不止这价，还真是捡到宝了。

天呀！大生意。孩子心里的小剧场又开始了。算算老爸买了这游戏给我，我没成本，还玩了一阵子。我还跟隔壁班的同学换了玩她的抓青蛙游戏，虽然那游戏很无聊，好歹产生了点价值，也带给我不少快乐。再说那天在书店看到的另一个攻占城堡的游戏也不错，本来想买那个的。卖了这个，还可以去买那个，然后再跟同学换那个打太空船的游戏，那可是当时游戏界的天王巨星呀。这全盘计划可想得真美。

于是我勇敢地做出人生中第一个大决定。"好呀，卖给你！！！"

我开心得仿佛赚到人生的第一桶金，对着这位客人一直鞠躬表示感谢。第一天开张，成绩不错，可以早早收工，虽然心里有点舍不得那个小猴子的任天堂电动玩具。

爸爸下班回到奶奶家，看起来心情不错的他暂时还不知道我把他买的玩具卖掉了。兜兜转转，莫名其妙他成了无偿投资人。于是，我赶快跑过去在他身边晃悠，想要金主老爸再给我买新的游戏机，可以进点新货，下次再等这位贵客上门。对爸爸来说，小姑可是个孩子王，总有些让他担心的新想法，像是带小孩半夜出去走走，喝杯咖啡，打个枕头仗，说说鬼故事。好几次爸爸阻止不了，只能让奶奶去跟小姑说。但是我们三人还是枕头仗照打，鬼故事照说，还成了联合阵线，一致对抗爸爸的管教。

“非法”摆摊卖玩具的事还是被爸爸知道了始末，他并没有反对，就是特别关心货的来源和卖的产品。

他问我和姐姐：“你们是不是把很多我买给你们的玩具都拿出来卖了？那以后我也不给你们买啦，这样我直接给小姑买玩具好了。”

我的小脑袋又开始加速运转，连忙说道：“小姑不玩玩具，她喜欢书。”

爸爸回答：“那你们就卖书给她吧，玩具她不会玩的。”

我心想也好，玩具确实有点舍不得卖，书看完了也可以卖给小姑再看。这下子这门小生意形成了产业线，货源也从爸爸那儿转到小姑那儿了，就把她买给我们的书看完再卖回给她。在房间忙着看书的小姑，还不知道这份账单已经转到她头上了。

第二天放学后，回到奶奶家，奶奶帮我们买了黄色的海报纸。我和姐姐随便吃了几口每天都爱吃的饼干，就迫不及待拿着签字笔画起广告海报。

“双胞胎书店！好看的书！”黑色粗体字大大地占满整张黄色的纸，我们请奶奶帮忙贴到客厅的墙上，小书摊就这样愉快地开张了。成堆的故事书、漫画书、《读者文摘》等整齐地摆了一地，两个小孩拿了两个椅垫坐在地上，笑着等客人上门，仿佛闻到金钱的味道，还夹着奶奶烧的红烧鱼头味。

“阿娘，小姑呢？”我没见到这位贵客有点急了，就转头问奶奶。

“她还在房间，不知道起来没？你们去看看。”

两个急着开张的小老板马上飞快跑到小姑的房门口。

“小姑，你在干吗？我们在卖书，你要不要买？”

孩子就是直接，还推销上门了。小姑其实早就听到这两个自以为聪明的小孩在外面忙什么，就等我们开张。她出了房门，不顾奶奶叫她先吃点东西，就来光顾我们的街边小店。

“这么多书呀？很不错呀，有没有三毛的书呀？”小姑还是贴心地鼓励孩子多动脑筋。

“三毛的书，哈哈，有呀，你要买几本？”姐姐回答。

小姑也配合演出。“我要十本，有没有签名？”

“有呀，有呀！”

从来只有别人跟小姑要签名，记忆中再也没听过她跟谁要签名，而且还是签在自己的书上。

爸爸说过做生意要灵活，不能死脑筋。我和姐姐跑到小姑的书房，搬了椅子，一个扶着，一个站上去拿几本小姑的书和一整套的《娃娃看天下》。我们开开心心地在小姑书房里来去自如，把所有三毛的著作搬到书摊里，打算全部卖了，一本不留。

“这是三毛的书吧！有没有签名呀？一本多少钱？”小姑忍着笑问起。

“我来签，我来签，你跟小姑拿钱，一本十块钱，签名要加两块。”我一边忙着一边跟姐姐说，一副小老板的样子。

我拿起一支铅笔，在书封的背面签了两个大大的字——三毛，很用力，很认真。

小姑说：“这不是小姑的签名呀？”

我说：“不是小姑，是三毛！”

小姑就是三毛，三毛是小姑。在我们心里，她就是最支持我们的靠山和玩伴，总是愿意和我们在童真的世界里嬉闹玩乐。想象永远无边界，当时我也以为童年就是永远，永远

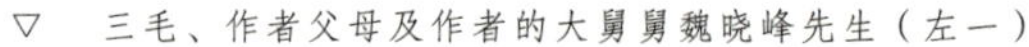
▽ 三毛、作者父母及作者的大舅舅魏晓峰先生（左一）

能有她的陪伴。

这堂无价的行销课，意外地受用一生。后来我们的故事书没卖出一本，倒是小姑书架上的书搬进又搬出，一转手我们多赚了钱，她赚了欢笑，而出了这点子的爸爸也没损失。本来想要爸爸买的新掌上游戏机也没买成，精明的老爸买了一台超大的小精灵游戏机靠在墙边放着，就是那种要站着玩的大机器，很重、很大。他知道也只有这大小，才能防止再被女儿卖掉套现吧！

至于那台卖给小姑的小猴子游戏机，则一直躺在她的抽屉里，没见她玩过，直到她走。

《你是我不及的梦·呼唤童年——记忆里的关渡》节选

夏日的微风吹着一束一束的阳光，把孩子的脸吹成了淡红的，吹到黄昏，就变成一张淡棕色的脸了。

……

后来，我长大了，第一次约会，朋友问我要去哪里，我说：“去淡水河，关渡。”

以后的很多年，只要回台湾，必去一趟淡水。那条河，不再是童年时的样子，岸边全是垃圾，河道也小了。

三毛

完人教育

小姑曾说她喜欢所有的花，五颜六色，有淡雅，有艳丽，有的则长得比较踏实。而三毛她不爱局限的花圃，而爱生命随着季节生长，灿烂和必然的凋谢。如果硬要选，小姑说过她喜欢白色的花，其中最爱野姜花以及百合花，百合还要是长梗的。百合带着高雅，淡淡不露痕迹的美丽透露着坚韧的生命力。

国小毕业，我也进了一所以百合花为象征的学校——圣心女中。这是一所天主教的教会学校，一所国中和高中一贯制的六年制中学，还有个小学部，1960年代甚至还有女子大学部。这是一所不以升学为唯一使命，而是以完人教育为主要追求的学校。在当时以考高中、考大学为主流思想的教育界，这所学校的存在确实是很勇敢，也很另类。学校离我们住的地方很远，当时我们家住台北市，这学校在当时的台北县，现在称新北市。学校位于淡水对面的八里乡，在一座山坡上，远眺观音山，近邻淡水河，风景好到理所当然可以有一堆只想欣赏美景，不想好好念书的借口。

山长水远，我爸妈怎会知道这个学校的存在？还都得归功于我亲爱的小姑。当时小姑有很多的演讲邀请，各大院校、组织都来邀约。她特别喜欢和年轻学子聊天，分享人生，小学时我的同学来家里，都和小姑成为了好朋友，有时候我都不确定这些同学是来找我和姐姐玩，还是来找新朋友小姑的。小姑总会和他们说很多故事，有时也会扯扯我在家里的糗事。

“你们知道吗？天慈总爱赖床，每次奶奶午饭都做好了还在床上拉着心爱的小被子不肯起床，耍赖。起床后还要说姐姐天恩比她动作慢，跟她抢厕所。”

那时正值有点形象包袱的年纪，还真是又爱又怕小姑的真性情坦白，我可是会被同学笑一整个学期的呀！

有一次小姑受圣心女中的校长孙嬷嬷邀请，坐了一小时的车，来到这个世外桃源般的学校演讲。本来从沙漠中回到台北还不太适应，又厌倦城市烦扰喧嚣的小姑，对这个被大自然紧紧环抱的“野生”学校一见倾心，环境中轻松的氛围像极了小姑在家里著名的教育理念“学渣有奖”。学习成绩不重要，有趣的童年和成长经验才是她希望我们从小享受和追求的。

停车场在山坡下一进校园大门的地方，旁边的管理员伯伯负责给访客登记和开门。接小姑的车并没有停在校车停车场，而是直接开到山坡上的前院门口，校长和教务主任等人在前院门口迎接。通常开满各色花朵的前花园也是学生们放学集合，等待教官一声令下往山下停车场走的地方。

学校前门是红色为主题的中国风建筑，红色屋檐和红色

△　三毛和圣心女中校长孙嬷嬷

柱子，一踏进门还是有种学校该有的肃穆和提醒学生该收收心了的巧妙作用。小姑一向对文化很尊重，对艺术很欣赏。面对这座古典和现代结合的校园，我的心里多了几分好奇。走过两边蝉声阵阵的大学之道，这是日本建筑大师丹下健三的作品，也是学校的修道院。大师作品就是让人赞叹，半圆柱形一路向上像极了船上的眺望台。伟大的建筑之美也为渺小的我后来选择这所学校尽了一分力。小姑一方面喜爱这所学校外在的硬件设计，但真正决定我后来六年落脚这所学校的幕后功臣还是她最在意的人文关怀。

演讲后，孙嬷嬷带小姑参观学校。来到一个影音室，一个班级的学生在看英文电影，门窗关着。孙嬷嬷一边和小姑说着学校的课程，一边随手拉开紧闭的窗帘。还没回过神，黑压压的室内一群女学生的声音已飞快地传出窗口。

“是谁呀？孙嬷嬷！我们在看电影，赶快把窗帘拉上，太亮了看不清。”

孙嬷嬷说了一句：“对不起，你们继续看吧！”

就这一句话，深深感动了小姑。一个学校校长没有半点犹豫地对学生道歉，只因为不小心掀了窗帘，妨碍到学生看场电影。旁边的主任和老师都只是摇摇头笑笑，满脸的宽容，这个教育方式和胸襟在当时的台湾着实难得。小姑于是“芳心暗许”，把我们姐妹俩也给“许”了。

小姑一回到家，迫不及待地和爷爷奶奶说起圣心女中的事。

“那是山腰上的家，让天恩天慈去那里上学，看看电影，赏赏花，听听蝉叫，走走大学之道练练体力，她们穿的制服也很好看。我也可以常去那里接近大自然，那边的修女人很好，很亲切，不吓人。”净说了些和念书、考高中、考大学没什么关系的事。

我有点害怕地说：“在山上？会不会有野兽呀？”

请原谅一个连公交车都没有坐过的城市小孩，有时候有点无知。

小姑说：“野兽我没看到，淡水河倒是有几只白鹭鸶。”

这回答还是没消除我的疑虑。

我姐姐也问：“是不是要坐很久的校车？我会晕车。”小小年纪也开始担心现实问题。

爷爷奶奶和爸爸妈妈开始商量这件大事。爷爷一听到可以山上山下散步，甚至跑步，一心想着家里出个运动员的心愿有望达成。奶奶和妈妈也希望我和姐姐去调教一下礼数和心境，这学费的事就交给老爸了。一家人兴奋地商量着这个

“山上的新家”。就这样，因为小姑的一场演讲、一个新发现、一群活泼的学姐和一位善良的校长，我和姐姐之后六年的青春就这样拍板定案，有幸在这个充满爱的环境中成长和学习。

到圣心女中报到这天是个晴朗的日子，爸爸开了快一个小时的车来到这山腰上的新家，因为找不到路，比预计的晚了一点到。报到的小礼堂人很多，还有好几位修女，看起来非常和蔼可亲，应该不会体罚吧！后来也知道这是一个没有体罚、没有教鞭的学校，只能说道理，动口不动手。好多家长和新生在填着一张张的表格，同学们好陌生，希望以后能找到好朋友。我和姐姐被分配到同一班，像小学六年一样，老师同学都很头痛，分不清。后来有个历史老师每次看到我总会问：“天恩还是天慈？”什么时候我的名字变成“天恩天慈”四个字了？但每次还得心平气和地回答老师千篇一律的问题，直到后来发禁开放，我俩的发型刻意不同，才有了自己的名字。

因为小姑钦点学校的这层缘分，小姑对我们的学校生活总是非常感兴趣，常常要我给她报告，只要不是课业上的事，无论大小，她都听得津津有味。什么上课、考试她没兴趣知道，数学作业也帮不上忙，倒是对学校的文化活动特别感兴趣。第一次园游会，人生第一次大大方方在校园里闲逛，吃吃喝喝，好不开心。国一的我只能参与，并不能担当太大的角色。高中部的学姐看起来好成熟，总是把校服穿得特别时尚，短袖衬衫也要把袖口折起一层，蓝色百褶裙在腰际也折上几层，看起来短一点，不至于在膝盖边不上不下，黑色的皮鞋总是干净光亮，配上特短的白袜子。园游会中，这些成熟的学姐负责最受欢迎的宾果游戏。我在看不懂的英文电视节目上看过宾果游戏，还以为是几个老太太打发时间的游戏。因为座位有限，我反而很想参与，毕竟进场票都得事先预购，还得请学姐吃上几瓶罐头八宝粥，才能多买几张票。这种饥饿行销在校园中可是早已发挥作用。

爸妈给的零花钱不能乱花，得先问问第三方意见，主张读万卷书不如行万里路的小姑就是最好的顾问。

“小姑，宾果怎么玩？”

小姑眼睛一亮，心想这孩子又来新玩意儿了。

“宾果就是一种数字游戏。”小姑回答。

“数学不好也能玩吗？”

我心想好不容易参加园游会，不用上课，我的脑袋可不想放进任何数学公式。但转念一想，小姑数学也不算好，甚至可能比我还差，她都能玩，我也可以。

于是小姑拿了几张纸，画了二十五个格子，写上随机的数字，又画了一张一样的格子，写上和第一张不同的随机数字，让我和姐姐拿好铅笔和一张纸坐好。我握紧铅笔，驼着背坐在小小的板凳上，有一种初尝赌博的兴奋，虽然宾果游戏和赌博扯不上关系。

小姑说：“现在我翻书看页数，念到的数字，你们的纸上如果有就用铅笔圈起来。”

姐姐说：“小姑，不能拿你自己写的书翻，你都会背了，会作弊，拿我的《茶花女》故事书翻。”

小姑无奈地放下《梦里花落知多少》，拿起一本注音版的《茶花女》。就这样，三人开始玩了起来。姐姐快要赢了，一直催着快点快点，倒霉的我连一条都还没有连成线。最后一个数字出来，姐姐开心地从小板凳上跳起来，吓了我一大跳，好生羡慕。姐姐还是赢了，开心地得到一本故事书，就是小姑新买的《巴黎圣母院》。我还是喜欢我的《汤姆·索亚历险记》，这口气有点酸!

贴心的小姑跟我说："没关系，你可以让姐姐看完讲给你听。"

我想想也不错，就开心地笑了。

学校园游会中，我还是没在宾果游戏中赢得什么奖品，却把自己喂得饱饱地回家，卤味、苏打汽水、绿豆汤塞了一肚子。

一进家门，小姑说："天恩天慈，我下个月去你们学校。"

"去见我们老师吗？"小心脏不是很受得了家长被请来学校见老师。

"是去演讲。"小姑满不在意地回答，好像把我们学校当她常常出入的地方。

"你要去讲什么？"姐姐问道。

小姑没有正面回答。"你们想要我说什么呀？有什么不敢跟老师说的要我转达？小姑不怕你们老师哦！"

那天晚上的祷告时间，我祈求上帝不要让小姑一时兴起，讲出我喜欢赖床的糗事。讲姐姐的事可以，还是不要好了，我们是双胞胎，怕同学搞错，阿门!

学校有个大讲堂恩德堂，是举行所有典礼和演讲的场地。这世上有些人真就是有种奇怪有趣的吸引力，那次小姑的演讲却不是在这个有冷气吹，坐得舒舒服服的室内讲堂。

△　三毛在圣心女中和同学们聊天

当天，所有学生、嬷嬷、老师、没笑容的教官和可怕的教务主任都到篮球场集合，一人带一把教室里的椅子，整齐排在偌大的球场，还好没下雨。那位和小姑是旧识的孙嬷嬷首先上台，在升旗台上介绍着小姑。

“今天我们很高兴请到我的一位老朋友，但是她不老哦！她很年轻漂亮，相信你们都等很久了，她就是三毛，大家鼓掌欢迎。”

跟着小姑带着笑容上台，台下一片如雷的掌声还有一双双期待的眼睛。

这并不是我第一次听小姑演讲，但每次都让我想到第一次。以前在国父纪念馆也有听过，当时年纪小，坐在前排中间。听到一半，心血来潮地把手在空中甩，跟小姑打个招呼。还好小姑专业的演讲没被我这举动打断，还是流畅进行着，我却被父亲狠狠训了一顿，当时我的小学老师也去听演讲了，不知道他们有没有看到我冒险打的招呼。这次已是高中生的我，可就乖多了，再也没有给小姑丢脸。

“各位同学好！今天好特别，我在你们的篮球场来和大家聊聊天。”

我用斜眼看到隔壁班那个严肃的国文老师嘴巴已经咧到后脑勺。

“昨天孙嬷嬷跟我说，演讲厅恩德堂失火了，我们得换个场地。我赶紧说没关系，室外场地也好，可以一起来听鸟和知了的声音。”

小姑总是很宠爱我们，也总是能在逆境中挑出乐趣，让身边的人都放心，她贴心而善良。虽然我们家人知道她的背痛，不允许她长期久站和久坐，但演讲还是超时了很久。

会后，我和姐姐在校园前门等小姑一起回家。短短的一段路，见到好多同学不断跟小姑索取签名和握手，还不停地说很喜欢这场演讲。我很开心，也很感谢小姑的义气相挺，还有感谢上帝听到我的祈祷，我的糗事没有被提及。

小姑用她喜欢也擅长的讲故事方式向同学们传达珍惜年少的时光，多多放开心学习，帮助人，传达善心。正如我们学校有个百合花游行，也是传达与人为善的宗旨。一朵朵用白纸折成的百合花，不管你是手巧还是手拙如我都要亲手做，然后写上对家人、同学的祝福和心愿，全校同学在一首《传给人》的圣歌中绕校一周，再献上花，统一烧毁。折了几年的百合花，我还是学不会，折的花永远是营养不良、奇形怪状。

一次小姑看到我带回来长得怪怪的百合花，说了荷西姑丈送她百合花的故事。当年荷西姑丈下班回家，买了小姑最爱的百合花，满心欢喜、蹦蹦跳跳地回家。没想到小姑一看到，直觉反应说买花的钱应该省下来作为家用。她虽然是个浪漫的人，却被异乡生活暂时封住了感性。那么艰苦的环境下，小姑和荷西姑丈凭着爱和智慧好好相处，克服生活的障碍，所以百合花对小姑的意义远超过一切。因为小姑要求，我又用画图纸折了一朵仍然歪七扭八的百合花。虽然这朵花缺乏颜值，我还是很有信心地送给小姑，让她写上心愿，我明天到学校一起给修女们，献上祝福再烧掉，希望她的心愿能实现。

毕业后，完人教育出来的我们，并没有如预期中长成完人，优点和缺点都没少，反倒是在不知不觉中，一天天向现实妥协。

一次有记者打电话来找小姑。那个年代全家只有一台挂在墙上的电话，每个打电话的人都没有多少隐私可言。

“请问三毛姐在吗？我这里是出版社，我姓王。”

我转头看旁边因为肩膀痛，正拿着石头猛力敲自己的小姑。

小姑急着挥挥手，小声地用气音说：“跟他说我不在。”

我立刻心领神会，自信地转过头对着电话那头大喊：“小姑说她不在。”

对方安静了三秒，礼貌地道谢挂上电话。我得意地完成了任务。小姑一句话也没说就回房了，应该是去写稿了吧。文人的妥协也充满文艺气息，后来也经历了赶稿日子的我才能够深深体会。

国中毕业典礼在小姑的祝福声中落幕。三年前小姑钦点的学校，三年来，她也亲自陪着我们走过，这是我收到的最好的毕业礼物。从小学放学时在校门口数着树叶，到国中一遍又一遍山长水远探访山上的家，小姑一直陪着我们。可惜的是高中毕业典礼小姑却缺席了，就在毕业的前三个月，高考前。

虽然如此，在她最后的日子里，还是给了我最开心的少女时代。人生不长也不短，有机运就顺着趋势走，没运气还是坚持努力。我们只能学习带着百合花的纯洁，在险恶的江湖中优雅地笑傲，不追求虚渺的完美，但求在不完美中展现美丽与刚毅。

很想知道当时小姑在那朵纸做的百合花上写的是什么心愿？后来是否有实现？

▽ 三毛、作者和三毛父母在圣心女中

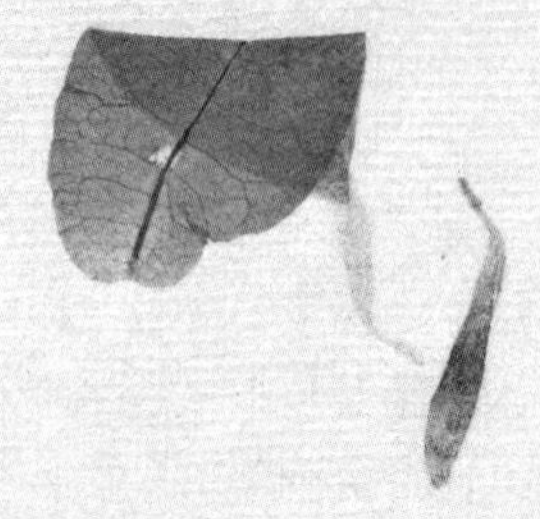

《我的宝贝·笼子里的小丑》节选

并没有因此不快，偏偏灵感突然而来，翻出盒子里的瓷人——那个小丑，拿出鸟笼，打开门，把这个“我”硬给塞进笼子里去。姿势是挣扎的，一半在笼内，一半在笼外。关进了小丑，心里说不出有多么畅快——叫它替我去受罪。

……

以后许多人问过我这小丑的事情，我对他们说：“难道——你，你的一生，就不是生活在笼子里吗？偶尔半个身子爬了出来，还算幸运的呢。”

三毛

天台的月光

台北的南京东路是个交通方便的地方，避开了繁华的逛街地段，也不属于吵闹的娱乐区，邻近后来开《回声》演唱会的台北小巨蛋体育馆，以前的台北棒球场。小时候爷爷特别喜欢运动，每天吃完饭总喜欢出去散散步，家附近灯火通明的棒球场就是他最常去的地方。

夏天的傍晚，其实温度还是很高，我生来有点懒骨头，借口爱安静喜欢宅在家，其实是懒惯了。我顶着装满奶奶做的豆沙八宝饭和腐皮包黄鱼的小肚子，慢吞吞地提起脚，一步步往前迈出，老大不情愿的，还有那碗萝卜汤也在胃里波涛汹涌，发出有点尴尬的响声。当时真不懂为什么大人总喜欢饭后散步，期望可以活到九十九，饭后就应该静静地看会儿电视，才能好好活到一百岁。

有一阵子有部电影《外星人E. T.》，里面的小男孩们骑着很酷的捷安特脚踏车，黑色轮子又粗又宽，坐垫都是鲜艳的黄色或白色，他们载着丑得可爱的外星人E. T. 躲避警察的追

▷ 三毛和父母

赶，然后E. T. 突然手指一指，一飞冲天。他张着大嘴，头发在空中飞扬，好不帅气。那部电影红遍全球，捷安特脚踏车当然也跟着流行起来。我很想有一部，白色的金属杆加上黑色座椅，还要有个火焰般的红边。很想坐上就立即会有超能力，不用再辛苦地走路。当时的我还不会骑没有辅助轮的脚踏车，虽然很心动想立刻就拥有，但也只能勉强接受老爸说要先学会骑才能买的条件，但是没车怎么学呀？

小姑在旁听到这段鸡生蛋、蛋生鸡的对话，笑着说："没关系，车子的事我来想办法。"

此后的几天我都好期待，偷偷观察小姑有没有动静，有没有偷偷去脚踏车店。过几天。小姑果然带回一台红色的脚踏车，不是捷安特，是传统的细车轮，铁杆和座椅都是无聊的全黑色，车身也不高，正常身高的小学生双脚还可以落地。

"小姑，这是你买的？"我怯生生地问，生怕小姑会错意，买了我不喜欢的车型，那个年代可没有七天验货期，不满意退款呀！

“你先用这台练习，我和别人借的，谁知道你会不会三分钟热度。”

“不会的，我不会只热三分钟。”

其实心里还是挺高兴的，至少我也是有车阶级了。此后每天饭后的散步时间，我就推着车骄傲地上路。我只能推着去棒球场，暂时还不能平衡超过三秒钟，离小姑说的三分钟确实有点距离。担心的老爸和看热闹的小姑组成了学车后勤小队，一人一边，一个不停说着“小心点，不要急”，另一个兴奋地说“骑快点，骑快就上手了”。我到底要听谁的？搞得我一会儿快一会儿慢，一会儿左右看，然后“啪”一声，屁股应声狠狠跌在水泥地上。

捷安特脚踏车后来还是没买成。电影下档，我也喜新厌旧地失去了兴趣，自由自在迎风飞扬的美梦也离我远去，我反倒还是喜欢黏着小姑，宅在一起看书的快乐时光。

我们常常去东方出版社，一箱箱书搬回到小姑的白色小车上，再一箱箱搬到小姑的小木屋——那个不算秘密的秘密基地。小木屋在育达商职对面的巷子里，在一个公寓的四楼，还有一个顶楼小花园，离爷爷奶奶家走路就能到。我去过几次，最喜欢待在一个堆满书的小客厅。我早已不怕立灯上挂着的那个穿着黑白色丝绸衣，流着一滴黑泪，坐在鸟笼里的小丑。鸟笼的门是开着，以前听小姑说过这从不关的门代表自由之门，要走随时能走，留下你就是我的了。好难的抉择，难怪小丑一直没有笑容。

这里还有个很大的木制书架，其实小姑的每个住所都少不了很大的书架。满满的书，有的成套像一家人，同一个色

▷ 三毛的收藏品——鸟笼里的小丑

调，同样大小；有的单身一本，落了单，只能和旁边同是单身的书相互依偎着。书架上还有一组红色的套娃，被一个个分开了排排站，又是一家大小全齐了——全家人小小的红嘴微笑着，咧开一样的角度。短短齐刘海的俄罗斯姑娘看起来很和谐。我和姐姐第一次见到套娃时，还真被小姑捉弄了一番。小姑先说了一个上帝创造娃娃的故事：送子鸟负责快递婴儿到世上，一个个套娃大的生小的，都是从肚里拿出来，还祖宗八代都长得一模一样，我还以为全天下都和我们一样是双胞胎呢。此后，这套娃就变成我们每次去小木屋必要把玩的玩具，玩完后谁也没耐性一个个放回肚里，就让它们一直排排站着。

“小姑，你的书架放不下了，可不可以把书放在这个缸上面？”

我和姐姐爬了四层楼已经气喘吁吁，其实也不过搬了五本大概一百页左右的故事书，就恨不得立刻把它们放进书架旁的一堆缸里。这些不起眼的瓦缸，从我们有记忆以来就一直在小姑身边出现，让我一度以为是所有有故事的大人都该有的基本配备，里面装了很多宝物，有点神秘感。有时候和小姑去家附近的茶馆“茅庐”，也是这种装饰。门口有好多小姑当宝贝，但是放在门口也没人偷的古家具、破瓦罐、陶瓮、大水缸、花盆，房里墙上排满了各式各样的茶具、茶罐，地板也是瓦片。冬天去本应觉得有点冷，可每次小姑的朋友都非常热情地招呼我们，让小小的地方多了很多温暖。

“不行，那些缸都是小姑好不容易从各地收集搬回来的，放上面会破的。”

才不等小姑说完话，我已经把书放在了缸的旁边，人坐下来就开始对这些大大小小的瓦缸、土窑、陶器等瓶瓶罐罐产生了兴趣。一个深褐色的瓦罐，大小大概比篮球大一点，上头盖了个浅褐色的厚木头板，我以为里面储了水，心想小姑是不是害怕突然停水。

“你掀开盖子看看呀！”

小姑一边整理书，看也不看就知道我想掀开盖子偷看，这点小心思怎么逃得过她的法眼。既然得到允许，就正大光明地掀开看看。

“怎么是空的？”小手怯生生地伸进去掏了一掏，害怕有些不明生物来咬我的手。“没有东西呀！”我晃了一圈很快把手伸回来。

“你们俩一人认领一个缸，以后就放你们自己的东西，别人不能看，放什么都行。”小姑说。

原来那瓦缸是空的。

“我就要这个吧！反正我已经掀了它的头盖子，总得对它负责。”

我赶紧先占先得，放了一本小本的《小王子》进去，那是上次一起去书店买的，每次来小姑的木屋都会翻翻。

小姑也选了一个从苗栗带回来的大一点的缸，好像是个泥巴做的，像没烧好，跟着放了一堆用橡皮筋绑好的信件进去。

“那些是谁的信？情书吗？好多封呀！”姐姐带着邪恶的眼神大声说。

“那些是读者写给小姑的信，晚上我们一起来看，你们也可以回几封。”小姑马上分配了今晚的任务。

我和姐姐躺在充满南美风情的红红绿绿的地毯上，我继续看着《小王子》，拿了一张稿纸画起书里那只被小王子驯养的狐狸。有点饿了，我小声问今天晚上吃什么。精神食粮和肉身补给同样重要。

小姑不是个妈妈型的女人，她常常和我们玩得开心，忘了吃饭睡觉、天冷加衣的琐事，我和姐姐也习惯了要自立自强，定时提醒，以免饿着自己，回去还被妈妈念。

“阿娘会拿牛肉面来。”小姑毫不担心地回答。有奶奶就不用怕饿肚子。

吃完晚饭，小姑家没有电视可看，因为她嫌吵。吃饭的桌子是一个棱棱角角，没有完美形状的木头桌子。桌面是几条厚木板，上面有好多大小不等的坑洞，我常常会以为是我或姐姐在上面写字时不小心弄坏的，心虚的洞。凳子就是两条长木头加了几只脚撑着，没有靠背，聊天到开心时常常一不小心会摔倒。真是让人提心吊胆的桌椅，小姑却把它们视为珍宝，花了很多时间坐在这里创作。

“我们来看小姑的情书。”我迫不及待地要求。

一旦别人的东西被放入瓦缸里，盖上盖子，就瞬间涂上了神秘的色彩，特别勾动我的好奇心，总想拿出来看看。

“好，去拿过来给小姑。”

小姑吩咐我去拿，姐姐也跟来了，大概怕我偷看她的那个瓦缸。一封封亲手写的信在木桌上摊开。要写给偶像和喜爱的作家，一字一句可都是仔细斟酌，从选纸到用笔，小心谨慎。三个人屏着呼吸，带着尊重一封封小心地拆开。

“谁要来读？”小姑问。

“短一点的我来读。”狡猾的小孩。

还是小姑自己读出了第一封读者的来信。她看文字的速度飞快，但是嘴里读得慢，有时嘴里来不及读，眼神已扫到句尾。我总是喜欢看她的侧脸，长长的睫毛。我不记得具体内容了，只记得是个高中生猜来猜去的小小暧昧心事。虽然如此，小姑却像处理国家大事一般地认真对待。

“天恩，你说说怎么办？”

“那男同学一定不喜欢这女生，因为他下课没有等她。”我姐姐咬着食指，慢慢地说，一副爱情侦探的姿态。

“也许他急着上厕所，或者肚子饿了。”我说。一般姐姐的意见总是会遭到我的故意反对。

“喜欢一个人是件开心的事，被人喜欢也是种幸运，都值得感谢。就像《小王子》里的玫瑰，小王子花了很多时间在她身上，怕她冷了、淋到雨。久而久之，就越来越喜欢，也不知道是喜欢那个付出很多时间的自己，还是喜欢那朵被付出的玫瑰，抑或只是喜欢那个以为自己很伟大的过程。”小姑开始长长地解说，“后来世故的狐狸出现，单纯的小王子还是一样过着周游星球的生活。看起来像是狐狸的暗恋，其实小王子也渐渐接受狐狸有点特殊方式的关心和对他注定离开的理解。没有原因，没有答案。”小姑一下说了一长串，她总是没把我们当小孩。

“小王子喜欢玫瑰吗？我还以为他只是喜欢种花，或者只是不想浪费阳光。他后来不是离开玫瑰到处去玩了吗？这哪是喜欢，喜欢一个人就想陪在他身边。”

我满脸问号，当时怎么会明白爱情到底是守着阳光守着你，还是走遍世界才发现你最好的恍然大悟。

“要不然就跟她回信说，你去问问看那男生，他如果不喜欢你，就不再见他了。”

我又提了个自以为有用的解决方案，希望得到赞同，其实是想早早结束这猜来猜去也没个正确答案的讨论。

小姑笑一笑说：“说清楚了就不好玩了，就是要互相猜一猜。”

这么花时间又没结果的游戏，看来还是圈地买地的大富翁好玩一点。

小木屋的天台有个小花园，小姑喜欢种花，像小王子一样，却种不出玫瑰花。旁边还有一个木头的公园椅，夏天我和姐姐很喜欢坐在那里吃冰棒看星星。

“我们上天台去吧！”我提议。

三个人跑上楼梯。楼上比较凉，微风吹过来着淡淡的花香。

“鬼故事时间！”

小姑每次在奶奶家跟我们说鬼故事没一次说完，爸爸总是会在我们认真被吓到前打断她。这天只有我们三人，应该可以听到完整的鬼故事。

“有个红衣小女孩，总是喜欢在晚上一个人去森林里散步，还爱边走边唱歌。森林里伸手不见五指，突然……”

小姑突然停下来，睁大眼睛往我和姐姐背后的花圃望去。我和姐姐立刻回头，还抓着小姑的手。

“没有人呀？”我说。

“在这里！”小姑又突然把手捂住脸，很快又打开，大叫一声，“哇！！！”

我们呆住，没有任何反应，然后小姑哈哈笑了起来。她还是不忍心吓我们，不忍心让孩子晚上做噩梦。

每次小姑的鬼故事时间都没人记得开头和结尾，只记得也没多可怕，通常都是这样好笑收场。那晚不算晴朗的天空记录了我们三人放肆的笑声，还有小姑努力装着可怕要吓我们，却一点也不可怕的暖暖的声音。长大后看到一句话，最好的礼物是陪伴。平凡的夜晚，小小的公寓里是一颗受伤的心和两个在地板上打地铺，带着笑，睡着还轮流打呼的孩子。

当晚做了个梦，不是噩梦。梦里小王子和鸟笼里的小丑遇见，就在一个长满玫瑰的花园。一个厌倦了飞行游荡，想立刻回家。另一个站在门口，望着笼外。

“喂！你飞那么高，累不累？上面好玩吗？”小丑高声问小王子。

“你是谁？从哪个星球来的？”小王子认识狐狸后就变得疑神疑鬼。

“我是从地球来的，一个充满矛盾和希望的地方。”小丑说话时脸上还是没表情，眼角的黑眼泪也没被抹去。

小王子来到鸟笼边，拉起小丑的手。“走吧，我带你去看我的玫瑰，她是我养的，你有养花吗？”小王子对第一次见面的朋友还是会天真地关心。

“我单身，不养花，但好像是被人养着。”小丑轻轻地回答。

小丑的身体被小王子拉出了一半，悬在鸟笼外，他的右脚却勾在笼子边上。敞开的门，想走还是留，都是自由，却不知道去哪儿。限制我们的是牢笼规范，还是那颗不够勇敢的心？让我们想返航的是某个人、某个地方、某道家乡菜，还是只是那双疲累的翅膀？小王子和小丑这矛盾的两兄弟，在我梦里还是没有达成共识。

“星星真美，因为有一朵看不见的花。”

每回读到《小王子》中的这句就想到那晚三人的笑声，一颗颗隐约闪烁着的看不清的星星，默默守护的月光，还有很多童年时找不到答案的疑问。

跟着小姑去流浪

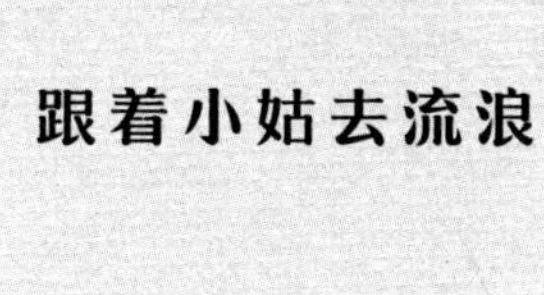

《雨季不再来·西风不识相》节选

我的父母用中国的礼教来教育我，我完全遵从了，实现了；而且他们说，吃亏就是便宜。如今我真是货真价实成了一个便宜的人了。

……

我不再去想父母叮咛我的话，但愿在不是自己的国度里，化做一只弄风白额大虎，变成跳涧金睛猛兽，在洋鬼子的不识相的西风里，做一个真正黄帝的子孙。

三毛

万水千山没走遍

在《撒哈拉的故事》中有一篇叫《沙漠中的饭店》的文章中，小姑写道：

“当初决定下嫁给荷西时，我明白地告诉他，我们不但国籍不相同，个性也不相同，将来婚后可能会吵架甚至于打架。他回答我：‘我知道你性情不好，心地却是很好的，吵架打架都可能发生，不过我们还是要结婚。’于是我们认识七年之后终于结婚了。”

小时候听小姑偶尔说起她的这段爱情故事，年幼的我只觉得有趣，找个吵架打架的人做伴，这就是爱情呀！如今在海外重读这篇文章，自己也经历渐长，见多了跨国界的家庭关系，还有各种有别于传统的相处模式，对这段文字别有不同体会。

加拿大温哥华是个移民城市，各式人种都有，华人也不少，你可以在中国餐厅看到拿着筷子每周报到饮茶的洋人，也会看到冰球场上奋力比赛的华人小将，文化交错共存着。

记得几年前参加一个婚礼，新娘是华人，新郎是地道的加拿大白人。白天的仪式是在温哥华著名的女皇公园里的四季高级餐厅举行的西式婚礼，吃着沙拉牛排配着花团锦簇的美景，还有新郎新娘的婆娑起舞，而饭后的我却想来一杯珍珠奶茶当甜点。

我是女方生意上的朋友，和男方比较不熟悉，也没机会多聊。倒是和女方家人聊了以后，才知道他们一大早已经在女方家里进行了中国传统的奉茶和告别父母的仪式。洋人新郎和华人新娘奉上茶，拜别父母，父母还发了象征早生贵子的枣子和厚厚的红包。旁边的洋人朋友见到开始起哄，好奇地纷纷依样画葫芦，“砰”的一声跪下奉茶，等着拿红包。一旁的伴娘姐妹们笑歪了，长辈们也乐得一一发红包给一群洋人朋友，真是一堂真真实实的文化交流课，不但免费还有零用钱收。

除了异国联姻的普遍，不同文化的饮食习惯、消费习惯、工作态度等也都在无形中互相影响。当时小姑去的撒哈拉沙漠，人烟稀少，生活条件极差，人与人之间有资源的竞争也有互相帮助。小姑在沙漠里打桶水，有来天台偷羊偷水的邻居，有帮助了独自一人来到沙漠的沙哈拉威人的故事，也有碰到沙漠强盗的经历，这些点滴让《撒哈拉的故事》充满了新奇和有趣。

我的温哥华故事并没有什么生死攸关的事，也没有谁来偷我家的水，至今我也没有舍身救过街上的流浪狗，每天工作生活，去得最多的就是华人超市和咖啡厅。相对于小姑惊险万分的沙漠，我的温哥华只有平凡的现代都市人融入主流社会和保持中国思想的磨合和学习。这点在小姑的《雨季不再来》中有一篇《西风不识相》中倒是也提到了类似的经历。

文章中叙说她在西班牙和美国留学时遇到的文化冲击和心态改变。小姑在1967年到西班牙马德里求学，当时她大概是二十四岁的年纪，碰巧1997年我来到温哥华时也差不多这年纪。当时小姑念完文化大学的哲学系大三课程去了西班牙，我则是刚从东吴法学院毕业，一个感性，一个理性；一个来到热情的南欧，一个来到平和的北美。上世纪60年代末的欧洲和90年代末的美洲对移民的接受度确实是完全不可同日而语。

小姑刚搬入西班牙学生宿舍中时，一直遵循爷爷奶奶的家教，秉持吃亏就是占便宜的做人原则，却渐渐遭遇了很多让她开始怀疑陈家中心思想的挣扎。

小姑是出于不好意思拒绝和作为宿舍新人的谦卑，最后却换来室友的习以为常和理所当然的使唤，直到她崩溃反击，还被当成是怪咖、麻烦人物。这是典型的客气型中国文化和直截了当的西方文化最大的不同。

几年前听长辈提起小姑小时候的“丰功伟绩”。有一次奶奶带小姑去菜市场，50年代的台湾各方条件资源也不丰富，人心虽然比现在朴实，但为了生活而用点“小技巧”也是常见。奶奶带着小姑来到一个水果摊。

“你好，给我一斤橘子。”奶奶客气地问水果摊老板。

“好的，我给您装。”老板抓了几个橘子放进一个红白的塑料袋里，动作快得像变魔术。

“等等！”当时只有十岁的小姑从奶奶身后站出来大声阻止老板，“你不能把烂的橘子给我们，我看到了，别想欺负我妈妈。”小姑再提高音量叫道。

“我拿错了啦！”老板不好意思地重新装了一袋比较好的

橘子。

“妹妹，说话要有礼貌。”奶奶牵着小姑的手往回家的路走，还是不忘叮咛小姑要对那个坑蒙拐骗的小贩注意礼貌。

“他不能欺负你，我要保护你。”小姑拿起仗义的盾牌，保护一向替人着想，不在意吃亏的母亲。

奶奶为小姑的仗义勇气感到欣慰，也担心这女儿的性情冲动，容易得罪人。互相保护的母女，方式不同却心意相通。这样敢言的孩子初次来到异国他乡，可能是因为人生地不熟，还是选择听从父母“吃亏就是占便宜”的教诲，内心应该也是纠结的。这种从纠结到理解，从气愤到释然的过程，仍然在如今的海外华侨的日常生活中上演。

记得刚开始进入社会工作时，有一次在和同事聊天。偶然在茶水间碰到一个平常和我不熟的洋人小哥，他突然问我那个我负责的项目需不需要他帮忙。就在那几秒钟我心里有千百种的猜测和小心思：他这样问是不是怀疑我的工作能力？他是不是嫌我做得太慢？他是不是想试探我的积极性？是谁让他来问的？一堆的问号，最后我还是没接受他的帮助，他耸耸肩，若无其事地转身消失在走道，那个背影对当时作为一个新移民的我来说有很多陌生和不解。

后来几年，我傻傻地反复经历几次同样情况后，才发现洋人的生理结构和脑回路跟我们的都不太一样。大部分洋人的脑袋和嘴之间是一段直通车的直线距离，而大部分华人脑袋和嘴之间有很多中转站，结构复杂，转呀转，就是转不出那真实的想法，最后只好客气地微笑，收下一肚子委屈。礼貌谦虚和个人感受之间如何平衡？拒绝后会不会落个自私自利的坏名声？害怕得罪人而讨好，结果自己总是最后被讨好的那个。我始终相信我们文化里的美德，也很引以为豪，却常迷失在中西模式的切换中，至今还不能运用自如。

“我以为你愿意做这些文书处理的琐事，不是吗？”一个洋人销售员在和另一个华裔销售员说。

“我只是说上一次项目我愿意承担这工作，不代表我永远要帮你做。”华裔销售员义正词严地回答。

我在旁边笑笑，这位华裔销售员应该是个老移民了吧，早就配备了一身的应变之道。

“好的，我知道了，没关系。”洋人销售员也笑笑回答。

中午在食堂里，我看到他们俩一起开心地吃饭聊天，并没有因此生气，这就是中西文化彼此学习和调和，不卑不亢地就事论事。

2015年，我去了趟英国伦敦，就是那个小姑因为签证问题被拘留了十几小时的地方。当时小姑抵达的是盖特威克机场，却得去一小时车程远的希斯罗机场转机前往马德里，因此造成海关人员的怀疑而把她关在拘留所。小姑形容这次意外的旅程是“猪吃老虎”的游戏，猪莫名其妙被抓，老虎反倒要伺候猪的生活，提供住宿和交通费，小姑真是位乐观淡定的旅客。

还好我没买错机票，我从温哥华先飞到阿联酋的阿布扎比和我的好友Penny会合，再一起去伦敦。我们抵达的是希斯罗机场，也是成堆的旅客在等着过海关，和小姑书中描述的差不多。1979年秋天，小姑和爷爷奶奶又去了伦敦，却在那里接到荷西去世的噩耗。这次是我第一次去伦敦，也抱着替小姑完成旅程的心愿。

我们一行人刚入住，就碰到了文化差异的趣事。我们订的是梅费尔区的一间四卧室公寓，很不错的环境，附近还算方便。我们提早抵达，房东丹尼尔先生刚刚整理好房间。这是一栋百年老宅，布置得充满浓浓的英伦风格。三层楼的公寓，木头的地板，上下楼梯会“咯吱”作响，没有电梯，我们得徒手搬六件行李箱上楼。

“你们好，请进，不用脱鞋了。不好意思，我不方便帮你们搬行李，因为我的保险正在审核，我怕受伤，你们慢慢来。”

房东在我们一进门时就提醒我们他的不便。他是一位颜值很高的牛津大学人类学教授，穿着白衬衫、深蓝色笔挺的西裤，深褐色头发梳得很整齐，留了一点胡茬，身材是每天上健身房的标准身型，像从GQ杂志上下来的模特儿，还带着沉稳的笑容。

我用汉语和Penny说：“英国绅士都是这样吗？”

虽然我知道保险在西方社会中的重要，但把保险精神贯彻得那么彻底也真少见，想想如果他受伤我们也会有麻烦，万一发生像小姑一样的倒霉事件那可不好，还是自己慢慢搬吧！还好我有买旅游保险的好习惯。

因为是老式公寓，虽然很有特色，很多设备我们却不习惯。

“这个浴缸很像老电影里那种耶！”我查过每个浴室后说道，“但是怎么没有浴帘？这样水不是会洒了满地？”

我的浪漫一秒在现实面前低头，经过刚刚搬行李的对话，我选择吞下这点小事，就算跟屋主说了也不会有解决方案吧！

“我就住附近，有任何事可以随时找我。”丹尼尔爽快地留下一句话。

这时我马上启动西方说话模式。“任何事”“随时找他”，是不是小到电视遥控器不会用都可以半夜打电话给他？我心里快速过滤他的意思。这时，中国模式切断了西方模式，自动上线解读了他的话：他只是客气，不是真的说任何事和任何时间，我们自己得有正常人的正常判断。西方人也是会客气说说场面话的，中西礼貌还是有共通之处，只是程度不同吧！

接下来的几天我们每天早出晚归，出门前也都会把早餐用的锅碗瓢盆洗好，洗澡用的毛巾放在洗衣篮，晚上回来也尽量放低声量以免吵到邻居。倒是有一晚警车在深夜呼啸而过，我是被吵醒了，才发现老房子的窗户从来关不紧，这就是洋人喜欢的古老氛围。后来听一个住在伦敦的老同学说，那个地段的百年老房可都价值连城呢！我还是喜欢年轻一点的房，平凡庸俗点比较适合我。

我们在伦敦的最后一晚，这位丹尼尔先生来和我们告别，当然也是顺便视察一下我们是否让他的房子保持干净，并交代垃圾要怎么分类收拾好，他可是不会帮忙分类的。我们请他喝从台湾带来的高山茶，带着和英国伯爵茶较劲的味道。

“你们好，谢谢，我来尝尝你们的茶。”他在一排五颜六色，没一个重复的杯子队伍中选了一个浅蓝色的茶杯倒了一点，“嗯，还不错，味道比较浓，我喜欢。”他喝了一小口说。

我回应他：“你喜欢，我们把这茶叶留给你吧！”

他开心地道谢接受。

“你的保险通过了吗？”我故意问起，想听听他怎么回答或者有一丝的歉意。

“通过了，在这里没保险真不行。”他说。

“那你明天早上可以帮忙我们搬行李啦？哈哈哈！”我半开玩笑半调侃地说，有时候我就是哪壶不开特别喜欢提哪壶。

“好的，如果明天早上我在这里的话。”这位英国绅士回答。“你们这几天去哪玩啦？”他试图转换话题。

“我们去了金士顿皇宫、大英博物馆、莎士比亚故居，还有石头阵，走得脚快断了，吃了炸鱼和薯片，还买了很多蜡烛。”Penny抢答。

“我们大英博物馆有将近三百年历史了，亚洲馆有大概二万多件来自你们中国的东西，青花瓷、玉、字画等，我都很喜欢，我可以在那儿待上一整天。”丹尼尔很骄傲地说。

我很肯定在他话声刚落时，我们几个心里想的都是大英帝国怎么把这些珍宝给弄过去的。此时此刻，我们选择尴尬又不失礼貌地微笑。

英国人和加拿大人其实差异并不大，除了穿着打扮比较讲究还带着英式英语的腔调。西方人习惯把丑话说前面，不针对人，做事也喜欢照程序来，不像我们中国人跳跃式思考，可以走捷径就不想浪费时间。对西方人来说，跳过一个步骤就容易出错，所以一步步看似不聪明地前进，其实减少了错误的机会。中西各有所长，我对自己有机会亲身经历中西文化，也感到幸运。我的文化课中总有小姑的影子，想起小姑当年也是经历一场又一场的文化冲击，没有前人的借镜，只能自己肉身去体会、去受伤，以换取经验。

隔天早上，我发了个信息给丹尼尔：“我们要离开了，谢谢你提供这么舒适的住宿。垃圾已分类好，放在一楼门边。你是否要来拿钥匙？”

我们很快吃完早餐，希望这次不用自己搬行李。叫的计程车已在楼下等候，丹尼尔并没有出现。

“请把钥匙放在厨房的橱柜上。祝你们回程平安愉快，记得给我留个好评喔！”我及时收到他的回复短信。

我们又像来时那样挥汗如雨地把行李一一搬下楼，乖乖把钥匙放好，旁边还放了说好要送他的那盒高山茶，只是里面只剩下大概三两的茶叶了。小姑那次未走完的旅程，我是完成了，不知道小姑当年遇到的英国海关人员是不是像丹尼尔一样严肃中带着善意？

任何关系都会有分分钟钟的小惊喜，或者有很多时候是惊吓。大到国籍、文化背景不同，小到地域观念、饮食文化不同。接触多了，日子久了，就能互相包容感化。我这台湾腔也渐渐淡化，现在常有人以为我是北京人或南京人呢！虽然我的儿化音很假，好奇地卷起舌根装装样子还行。我也喜欢四川的麻辣烫、阳澄湖大闸蟹、台湾的盐酥鸡、加拿大的传统早午餐，晚上没事看看直播，微信中也有几个洋人朋友加入，小老百姓的交流多了，国界模糊了，互联网上无国界，也就没国界好跨了。

“在我来说，旅行真正的快乐不在于目的地，而在于它的过程。遇见不同的人，遭遇到奇奇怪怪的事，克服种种的困难，听听不同的语言，在我都是很大的快乐。”小姑在《雨季不再来》的《赴欧旅途见闻录》中以此句给了那次的惊魂记这样的结论。

小姑的西班牙室友、英国海关人员，还有我的英国房东，华人和西方人明争暗吵，互相了解，就像那些在撒哈拉沙漠上一起留下的脚印，来来去去，散了又聚，然后再一起发现下一个文化惊喜或惊吓。直到小姑踏上故乡的土地，惊喜和惊吓被亲情替代，也多了一份使命和圆满。

《兰屿之歌 清泉故事·清泉之旅》节选

午后的秋阳将万物都照懒了，没有风没有雨的路程是适意的。长长的山路好似没有尽头，四周安静倒使人想闭上眼睛，安恬地睡上一场无梦的午觉。

往清泉的那个午后，就有这一份奇幻的魔力。

三毛

不要问我从哪里来

2018年的一趟亚洲之行在我每年的亚洲出差日常中却别具意义。一方面是为了台北首场《回声——三个女人的壮阔人生》演唱会，另一方面更多的是为了回出生地看看，重新走走过去遗忘的地方，感受亲戚朋友的熟悉和久违的天空。而这次我也不再行色匆匆，打算好好享受那得来不易的奢侈的慢生活。

6月的台北已经把人煮得沸沸腾腾，经过前一晚演唱会的感动与喧嚣，今天我本该好好睡到中午，以弥补昨晚因为演唱会后遗症而听了一夜《回声》专辑。但是我还是起了个大早，只为了今天要去小姑的梦屋，一个我一直期待探访的地方。

《清泉故事》是丁松青神父在1984年出版的书，由小姑翻译。书中的主角就是我今天要去的地方——新竹县五峰乡桃山村的清泉部落，是一个泰雅人居民的部落。小姑当年在兰屿初识丁神父，又在1984年来到丁神父落脚的清泉部落，因此爱上这个距离台北一个半小时车程的山中烟渺之地。

从小我就是一个容易晕车的人，这点小姑在书里也提到过很多次，长大后也不见改善。所以我会尽量避免九拐十八弯的山路，这次却例外，上山前吃了一颗晕车药就像壮士般义无反顾地出发了。我们一行六位朋友，一辆七人座房车很是舒服，相比当年小姑上山时的小车，我们算是很厚待自己了。

“小姑，你要去山上看你的那些小孩呀？”

“是呀，可能在山上建一个家。”

小姑找不到那件她从西班牙带回来的牛仔外套，一直在卧室和客厅来回地找。

“要记得回来呀！明天放学要来接我们的。”姐姐有点担心性情中人的小姑很可能几天不回来。

小姑就这样背上一个牛皮筒状背包下楼了，这就是清泉故事的开端。

今天，我上山的日子是夏天。小姑那次穿上山的牛仔外套也在我温哥华的衣柜里，我穿着短袖到了山腰上的客家村，东方美人茶的产地。一下车就被那股阴冷惊醒，想起小姑当年可是裹得一层层地上山。我们吃了客家菜，品尝了当年据说是英国女王命名的东方美人茶，吸了一大口远离尘嚣的湿凉空气。虽然这是个美丽的农家乐，但我们没有多作停留，谁让这次上山是我欠了自己十年的心愿，山上的故事在呼唤，我们一刻不能等。

上山的路果然蜿蜒，狭窄的单车道却有双向来车，没点驾驶技术还真的很危险。阴雨的衬托下，脚下被岩石包围的小溪懒洋洋地漂动着，水流不疾不徐；远方的山披着云朵面纱，隐隐约约露着脸；路旁的树林则敞开湿漉漉的树干，好像本来打算做个日光浴，却不小心淋了一身的雨，来不及擦干净，随性地等着风来吹干。

经过几家相连的餐厅和小杂货铺，屋顶上有原住民风格的雕刻，墙上也有深灰色条纹状的壁画，山里的色彩慢慢浸入眼帘。我们因为远离了城市，心里很快放松，一路上手机拍个不停，车上也没人在睡觉，都对这台湾特有的小清新氛围很是欣喜。过了十分钟，车子经过一块放在路边显眼的地方的扁形石头，上面用红字写着“清泉”。我们开始用兴奋和期待取代了刚才对山景的赞叹。

终于，车子停在一个不算宽敞的空地上。这里也说不上是停车场，只能算是一个不会挡到来往车辆的路边空地，很有山上讲究自然成形、一切不强求的自在风格，也说明我们的司机经验老到，熟门熟路。一位穿着白色洋装，皮肤黝黑，头发直直垂下，笑容满溢的中年妇女出现在我们车旁。

“你好，天慈，我是秀容，终于等到你来了。”

秀容姐已在等我们，我一下车就迎来她的一个大拥抱。

“你好，是呀，终于见面了，谢谢你为我们安排的一切。”我连忙道谢。

这一路上没有她的指路还真不好找。小姑总爱开玩笑，把我们引来这山间小屋，再给我们添点旅途的难度，好让我们体会得之不易的欣慰。

秀容姐在山上居住已将近十年，她为了山上的孩子无私奉献，也是“三毛梦屋”的负责人。文化工作不是件好差事，常常吃力不讨好，需要很多的爱心和耐心。

“今天天气阴冷，昨天还下场大雨，你们还好吧？天慈要加件外套，如果你们多待几天，我还可以带你们去泡清泉温泉。”

她热情地招呼我们来到她替小姑细心照顾的家。

小姑当时第一次上山时，也是一路问着方向，闻着炊烟摸上来的。当时的丁松青神父正要准备出版《清泉故事》，小姑在兰屿和丁神父结下了姐弟之缘，因此在百忙中决定担起翻译此书的责任，也特地上山会会这处让丁神父许下终生的仙境。从小姑和丁神父之后的书信中可以看出，两人无话不谈，这段友谊跨越种族与性别。小姑当年上山也是匆匆一趟，山上的孩子却盛情邀请小姑留下来，我也经历了这些山上朋友和孩子的热情。

"你小姑当年上山时也是一个阴雨的日子，她一来就去了教堂找丁神父。自从他们上次在兰屿一别后，已是好多年没见了。"秀容姐兴奋地跟我说起。

我受了感染，也很好奇地回应："我听小姑说山上给她的礼物是在这里找到了梦中的家，那个红砖瓦房，我可以看看那间房吗？"我承认我有些心急。

清泉部落位于上坪溪上游左侧，是桃山村中最大的河谷平原与聚落，这里是台湾中部山区占大多数的原住民泰雅人聚集的地方，大概有一万六千人。

"你们知道吗？泰雅人部落以前有两个太阳。"

一次放学去奶奶家，刚睡醒的小姑问起不太了解原住民文化的我和姐姐。

"后羿那时有九个呢！"我带着怀疑地说，以为小姑搞错了。

"我没搞错，丁神父跟我说的，泰雅人的古老传说中有两个太阳。一个太阳都把你们搞得不想出门了，两个太阳可能都要融化了。”小姑陷在自己的想象里，莫名开始流汗。“因为两个太阳轮流照射，部落不堪这全天无休的干热，后来泰雅部落的勇士们决定去把其中一个太阳射下来，而且他们决定带着婴儿上路。”

小姑说到这里故意停下来等我们发问。

“为什么带婴儿？他们又不会射箭，还很吵。”我还是掉入小姑写好的剧情，立刻发问。

“哈哈，婴儿会长大呀，等勇士们死了，婴儿长大就可以再继承遗志前进。”小姑很喜欢这个热血的故事。“最后，只剩下三个勇士一起走到了一个太阳下，一箭射穿了它。太阳开始流血，染红大地，地表渐渐降温，那个掉落的太阳最后幻化成月亮，所以泰雅人才能过上日作夜息的正常生活。”

小姑说完拿出笔记本写了一些字，应该是想写进她下一本书里吧！而我今天来到这个泰雅人的清泉部落，却连半个太阳也没遇到。

我们被领着往上爬了好多不规则形状的台阶后，来到一面石墙前，上面有一块木板写着“三毛梦屋”，简单的黑色字体的右边是一个红色的箭头，左边是一些三毛的简介，平铺直叙很符合小姑平实的个性。

“听小姑说过她很喜欢这里的宁静，是她梦中的样子。”我说起记忆中小姑对这里的注解。

“当时是你小姑和丁神父一起画的房屋草图，一笔一画画出一个她梦里的家。这个她梦中的红砖房，也是希望给山上泰雅部落的孩子一个聚集的地方。”秀容姐说道。

我们又爬了几级狭窄的石阶，终于来到“三毛梦屋”这个小红屋。当年小姑本来中意的是“小红屋”这个名字，后来看

△ “三毛梦屋”路标

△ “三毛梦屋”外景

到山崖边美丽的风景像极了梦中的家，所以大叫“我要住在这里，这是我梦里的家”。后来就称这个小红屋为“三毛梦屋”。这是一间红砖瓦做的房子，装着绿色的铁门，房屋本身并不大，设计也很朴实，和附近的房子没有多大差别，很能体现小姑小隐于野的心境。房屋前面是一个露台和一片绝世美景。露台是木头做的，放了几张木桌椅和鲜花。房子面朝着对面的远山，山上正是丁神父的天主堂所在地。天主堂藏在一片深绿和浅黄颜色交错的树林里，露出白色的十字架，高高耸立。

我仿佛可以听到小姑捂着嘴赞叹，又张大嘴像孩子一样大叫，此等美景是小姑梦里的情境，我想我连做梦都梦不出它的美。我终于明白为什么今天给了我们一个阴雨天，只有这朦胧才配得上此景的沉静和淡雅，一切尽在不言中。

“你在这里呀？”正当我们被美景惊呆时，一个清脆的声音出现在我们身后。

回头一看，一个穿着泛黄的白色洋装的女孩站在秀容姐身后，一手抓住秀容姐白上衣的衣角。她黝黑的小脸上也带着大大的微笑，还扎着两条像小姑一样的小辫子。

“嘿，小丽，你来啦！”秀容姐弯下腰拉起她的小手，两人应该是很熟悉。

“这是天慈姐，三毛是她的小姑，她来看我们。”秀容姐跟她解释我的到来。

“你好小丽，你几岁呀？叫我阿姨也可以。”我也弯下腰，看着她有点害羞的眼睛。

“你小姑认识我爸爸。”她给了我一个答非所问的回答。

“是的，这个故事我们坐下来喝杯山上的茶，我再慢慢告诉你。”不等我反应，秀容姐替小丽解释。

秀容姐把我拉到露台的一张木桌旁坐下，是最靠近外围，放着鲜花和茶具的位子。我伸手想抓点树林中的芬多精[1]和空气中的湿气，夹杂着小姑的味道，装进我这城市人的口袋里。

“来来，你可以像你小姑一样享受我们清泉的美。”秀容姐帮我倒了一杯茶，在我对面坐下。“当年你小姑上山时，还没有这个梦屋，只有一些破旧的房屋残骸。你小姑上山时是一个阴天转雨的日子，风也很大。”秀容姐又帮很是口渴的我倒了一杯茶，继续说道，“当时丁松青神父在山上也很担心，你小姑好像是和一个朋友一起开车来的。果然她们的车在快接近梦屋时打滑，滑进了路边的泥滩里。当时的路是很难走的，不是每处都有柏油路。”

秀容姐说完，我连忙问道：“那么艰难呀。后来怎么办？”

小丽在旁边的桌子边坐下，从红色的书包里拿出作业本和铅笔，一个人乖乖地一笔一画写起国字练习。我直觉她竖起耳朵在听我们的对话，可能在等她爸爸在故事中出场吧！她还是没有告诉我她几岁。她身材很瘦小，趴在木桌子上开始哼起歌，是我听不懂的语言，旋律却很轻快，一直重复着。她身后是灰蒙蒙的树林，她就像是一只栖在树上的小麻雀，娇小灵巧，美声出谷。我被这天真自然的一幕吸引，忍不住越过秀容姐的肩膀一直朝她那边望去。

“后来丁神父知道了，就召集山上的年轻人过去帮忙。一群人见到你小姑在雨中下车，很亲切也有些狼狈，这是他

1　植物所排放的挥发性有机化合物，可以帮助植物杀菌、抗霉。

们第一次见面。其中一位青年就是小丽的爸爸，当年他十岁，是其中最小的一位，你小姑还特地谢谢他。”秀容姐说完回头轻声说道：“小丽，你爸爸是小英雄哦，救了天慈姐的小姑，很了不起吧？”

我猜小丽应该是七岁左右的小学生。

“我哥哥现在也十岁，可是他很笨。”

这孩子很聪明，总是巧妙闪躲她不想触碰的问题。她头都不抬，继续哼起刚刚那首歌。

“我们去里面看看吧！”

秀容姐把我拉到厅里。一进门，是一个空旷的空间，没有一般客厅必备的沙发、茶几等，算不上温馨的设计，还有一些木制桌椅放在四周的墙边，尖形的天花板布满木头横梁。四面白墙上挂满了小姑当年在清泉部落和丁神父拍的照片。我们先从左边开始一一欣赏。

第一张是一幅宽大的海报，上面写着“三毛”，旁边有两个相对小一点的字“流连”，配上小姑和丁神父的头像照片，还有清泉故事的起源介绍，背景是上坪溪的水景和霭霭山景。海报右侧是小姑和丁神父在一个屋顶上的照片，小姑穿着泰雅人编织的背心，丁神父则穿着一贯的白衬衫，架着金丝边眼镜。我沿着墙走了一圈，特别喜欢一张小姑和当地年轻人合影的相片。相片中的小姑很开心，这个看似不起眼的村落，用它的原始纯真慢慢治疗小姑的伤痛。

“这些是比较大的孩子了，当时小丽的爸爸不在照片中。后来，她爸爸结婚生了小丽的大姐后，有一天去了城里就再也没回来了。”

秀容姐说起，我了解了她把我拉到室内的原因。

◁ 两个“三毛”

▽ “三毛梦屋”内景

“小丽的母亲呢？”我问道。

“她在小丽几个月时就跟另一个泰雅男人走了，这个家再也没有父母，只有爷爷奶奶辛苦卖点自己种的菜，照顾小丽和她的哥哥。”

秀容姐拉我在靠墙的藤椅上坐下，刚好我们的背后是一段关于清泉部落文化的简介。

“本来你难得上山，我应该多跟你怀念你小姑的。但是当年你小姑建立三毛梦屋就是为了帮助这里的孩子可以多多学习，也有个发展文化交流的居所，帮助生计。小丽常来这里，拿起你小姑的书，也不确定她能读懂多少，她真是喜欢阅读的，也许这就是你小姑无形的感召吧！”

她看着我，发出恳求的眼神。

那次小姑从山上回来后有点感冒，她并没有跟我们说她的惊魂记，反而说了很多跟山上孩子的相识，她总是把自己的难处放在对别人的担心之后。

“小姑，你从哪里回来呀？”我还是忍不住好奇地问道。

“清泉，去见丁神父。跟你说过啦！”小姑病刚好，拿着奶奶刚烫过的热水杯暖暖手说道。

“有带礼物吗？”姐姐不识相地问。

“山上的孩子哪像你们就会要礼物，他们要去念书都很难的，爸爸妈妈也都不在身边。我就是想看看能怎么帮他们，你们也想想吧！”

小姑说完就放下杯子回房了，我和姐姐也跑去看卡通，一下就忘了小姑交代的话。

今天再想起，确实欠小姑一次未完成的作业。现在我慢慢理解，这群孩子善良中带着乐观，却让旁人心疼，总觉得他们应该有个稳定的家。这就是小姑执意要建立三毛梦屋的原因，给孩子一个家，给文化一个落脚和展示的场所。那个在教堂偶遇小姑的小孩，用直率的热情让小姑放慢了脚步。来时的匆匆到走时的不舍，清泉真是一个神奇的地方，我现在总算接收到小姑指派给我的任务了。

我和秀容姐走出展示厅，回到露台，再坐回刚刚喝茶的位置，桌上已经摆满餐点，一个原住民妇女忙进忙出地从台阶下端着饭菜上来。

“这些是什么菜呀？好香呀，我早就饿了。”肚子饿时我也顾不得面子了，开心地大喊。

“这是我们这儿的猎人餐，给你尝尝。”秀容姐开始一一介绍，“这是竹煮，也就是竹桶饭，是把我们泰雅人的主食小米浸泡后放在我们的特产桂竹里做成的，上面用月桃叶封口去烧，味道都是来自于竹香和叶香。你试试？”

她拿起其中一个竹桶递给我，我接过来只觉很轻，往桶里一看居然是空的。

“这是谁偷吃啦？小丽是不是你呀？”我开玩笑似的回头向小丽笑笑。

“你被骗啦，那个不是饭。”小丽呵呵地笑，好像早猜到我会问这个问题。

“来，那个竹筒是给你看的，这里才是改良版。”秀容姐拿起一片切半的竹片，上面放着一团像糯米的饭团。“你尝尝。”

我舀了一勺很快地放进嘴里，米并不算软却还算黏密。舌头碰到米粒时味蕾并没有尝到味道，一秒钟后有淡淡的青草味夹杂着竹子的味道，还有些木头的味道，其实更像山野的原始味道，搭配着小丽的故事，还有小姑多年前交代我，而我未完成的任务，有些遗憾的味道。

我们用完简餐，反倒想起小姑画的“吃饭地图”。

“你小姑当年要到对面的天主堂找丁神父吃饭，却怎么也不认识路。后来她干脆根据丁神父的口述画了一幅路线图，叫作‘吃饭地图’，还说以后吃饭得先找好方向，提早出发，要不然等找到时菜都被抢光了。”秀容姐笑着说，“当时没有导航，你小姑其实方向感也不太好，我也不太好，这吃饭地图就是给肚子饿的人指个方向，朝着幸福的味道走去。天下没有白吃的午餐和晚餐，得付出一点心力。”

我虽然已经吃饱，还是很欣赏小姑的创意。

“下次如果有人从山下来，先饿着他们，让他们照着地图走，才能吃到那么美味的猎人餐点。”我也贡献一个想法增加乐趣。

“等你们找到餐厅，我早就把饭菜都吃光了。”淡定的小丽又在旁边补了一刀。

真是个幽默的孩子，小姑没机会认识这个鬼灵精，真是可惜。

小丽是勇士带着的婴儿，而勇士一一离去，她将在人生路上独自前行。虽然小姑有交代，我还是不知道怎样才能帮助像小丽这样的孩子。他们乐观、好学，爱这座山。而在山上，这种破碎家庭的故事比比皆是，也不会停止。如何长期帮助山上的孩子就学，推广渐渐流失的原住民文化，都不是简单的议题，更不是我一个人能帮得上忙的。青壮年出走，远离大山甚至远离家庭，剩下辛苦地隔代教养的祖孙们，相信当时小姑看到这么多的现实问题也感到无奈和不忍，也许这也是小姑喜欢清泉部落又不敢常来的原因吧！

她来不及完成的心愿，在此谨以短短文字表述，希望唤起对这些山上的孩子的关注。有空去山上坐坐，延续完成三毛的遗志。“三毛梦屋”不只是三毛梦中的小家园，更是一个梦想，一个三毛大爱的梦想，待我们一步一脚印慢慢实现。

《万水千山走遍·悲欢交织录 三毛故乡归》节选

中国这片海棠叶子，实在太——大了。

而我，从来不喜欢在我的人生里，走马看花，行色匆匆。面对它，我犹豫了，不知道要在哪一点，着陆。

终于，选择，我最不该碰触的，最柔弱的那一茎叶脉——我的故乡，我的根，去面对。

……

在上海，有个家，就是三毛爸爸——漫画家张乐平的家。

……

当车子进入宁波城，故乡人已经从舟山群岛专来远迎。

三毛

万水千山走回乡

《万水千山走遍》一书中最后的几篇讲述小姑回到家乡浙江舟山定海，还替我们陈家人千辛万苦、舟车劳顿地去了上海、金陵南京、肃穆的敦煌。在1949那年也是千辛万苦、舟车劳顿地离开，再见已是四十载的分离。

这几年，因为三毛散文奖在我们祖籍地浙江定海举办，我接触了一些当地的朋友，陆续听到当年的故事。1989年，小姑坐着“天堂号”从苏州行水道抵达浙江，再行陆路到达宁波，最后再转小船抵达舟山群岛的小沙乡鸭蛋山码头。还没下船，岸上已是黑压压的人群，小姑就这样献上止不住的眼泪，在此与故乡久别重逢。

而那位小姑在回乡旅途中一直期待相见的倪竹青先生是位著名书法家，品德更是受到景仰。当年在爷爷的法律事务所工作，此时已是六十多岁的老人。他亲自到码头迎接这位当年他捧在手心的三岁小女孩。小姑在人群中冲向他，那一幕亲情像闷了很久的火山熔岩，再也挡不住地喷发。一别恍如隔世，再见两位已是白发人与黑发人的相拥。

△ 三毛乘坐"天堂号"回故乡

△ 三毛接受家乡记者采访

△ 三毛回故乡

△ 三毛在祖父坟前

当年负责迎接小姑的那位陈姓朋友在微信群里和我聊到了那一天，让她印象深刻的是小姑脸上藏不住见到亲人的渴望，努力掩盖的是连续几天晕车晕船的疲惫，让她很是心疼。多么善解人意又情感丰富的女人，嘴里总是说着“不累，不累，我很高兴”。我想小姑心里是担忧的，担忧这一次见面后，下次不知是哪年哪月，所以再累都要一一和久别的亲人见面，抱抱他们，也许这是最后的一个拥抱。

一张小姑哭倒在她祖父坟前的黑白照片，哭出历史的无奈，也哭出多年心愿达成的欣慰。我们被历史牵着走，事过境迁，不知不觉中我们也走出另一番历史的风景记录，而这历史的长流不会停止，只会让我们更珍惜每次相遇与重逢。

2019年秋，我走了趟魔都上海，这个从我小时候爷爷奶奶、小姑和爸爸就心心念念的城市，时常听到的语言，家里饭桌上常备的美味，我都再熟悉不过了。

爷爷奶奶是在上海出生的，上海话说得很地道。童年时我的耳边也总是上海话夹杂着宁波话。读者们都知道我的小姑三毛是个语言天才，1989年她来到上海，满口标准的上海话正好派上用场。在台湾时，小姑和我爸爸也常在去上海餐厅时争着用上海话点菜，什么腌笃鲜、蟹壳黄、拔丝香蕉，都是上一代乡愁的安慰、我童年的记忆，至今都很怀念。

三十年过去，前几天在抖音上看到小姑当时在上海接受访问的画面，轻柔的声音掩盖不了她来到这个城市的兴奋，相信在台湾的爷爷奶奶对小姑那次回乡，嘴上不说，心里也是欣慰的。

“妹妹要去我们的上海了，好久没回去了，都不一样了。”奶奶一边收拾床褥，一边叨念着。

奶奶是个在家都穿着整齐旗袍的女人，常常把白色花边手绢插在胸口的旗袍缝上。身为一名律师的爷爷，做事严谨，话语却幽默，对孩子的教育也很开明，只要孩子快乐，别无他求。此时爷爷却没有回话，只是抬高眼镜，眯着眼仔细看着要给小姑带去的药袋，确保自己女儿旅途上有备无患。这个在爷爷奶奶家的暑假夜晚，我和双胞胎姐姐躺在爷爷奶奶床边的地铺上，听着大人的担忧。

“你小姑当年就是在这个客厅和我父亲见面的，我父亲特地嘱咐我们，这个客厅的摆设不能动，因为有他干女儿的气味。”

张乐平老师的四公子张慰君在其父亲的纪念馆中，带着我一一介绍和展示每个房间。当年这位四公子和小姑一起从香港抵达上海，因为行前已和张乐平老师通信几次，小姑按捺不住见从小偶像的心情，一下飞机就直接到了张府。而这位小姑尊称为三毛爸爸的张乐平老师也早已在家中焦急地等待这位素未谋面的干女儿。

有幸目睹这一幕的张四公子娓娓道来我们两家难得的缘分，当小姑和张乐平老师相拥而泣的那一刻，两个三毛找到了生命的契合。他还说小姑后来在台北离世，张家一家人听到消息，一直无法相信。我和张四公子之前未曾相识，却看到他眼里的遗憾，也许正是因为这永远也弥补不了的遗憾，缘分的延续才更有意义。

我并没有看过《三毛流浪记》的漫画，印象中儿时小姑跟我们提过这个孩子，一个和我学校里的同学不一样的孩子。

△ 三毛和“三毛之父”张乐平

△ 作者和张乐平的四子张慰君

“《三毛流浪记》里的小三毛是一个孤儿，他在街上擦鞋赚点生活费，很辛苦的。”

有一次小姑试图跟我们描述这个她小时候在书中看到的小三毛。当时我无法从小姑的言语中想象，以为他只是一个调皮的小男孩。

“哦！我懂了，就像《汤姆·索亚历险记》中的哈克，但是我比较喜欢汤姆。”我给了个敷衍的回复。

每年暑假，小姑给我们布置好的作业就是每天阅读中外读物和漫画。其中我最喜欢一些顽皮小孩的故事，也许是我这种乖小孩心中的一点叛逆和羡慕吧！

“不是的，《三毛流浪记》发生在中国，是我们自己文化的故事。他是一个吃苦耐劳又坚毅的孩子，生活也没有你的汤姆和哈克快乐，更没有爱他们的奶奶。”

小姑语重心长地说，语气中透露出她对于我们能了解中西童话的时代背景和人文差异的希望。小姑是一个不说大道理的人，她的《三毛流浪记》却一直在我心底。

那年小姑从上海回来，见到我和双胞胎姐姐就很兴奋地跑来跟我们说：“天恩天慈，你们知道我见到谁吗？我见到三毛了。”

她的语气中带着粉丝的炫耀。当时我和姐姐正值青春期，满脸的不服气。

“难不成你也有一个双胞胎姐妹在大陆等着你相见？”可不是人人都有身为双胞胎的福分。

小姑也有着爱闹的个性，继续说：“不是我的姐妹，是我的干爹。《三毛流浪记》的作者本人哦！是张乐平老师本

◁ 三毛和张乐平在席间

人哦！”

我和姐姐这可看出小姑的心意。“哦！这就了解了，就像我们看到偶像林慧萍、金瑞瑶还有日本少年队一样的高兴。”

亲人间的小玩笑，你在说，我在逗，就是要弯弯绕绕不让你太快称心如意。在外面小姑是个传奇人物，在家里是我们的大玩偶，她逗逗我们，我们怼怼她。

我并没有把这段往事告诉张四公子。在张家的故居博物馆里我看到了《三毛流浪记》的手稿，才羞愧自己儿时的无知，这可是比汤姆与哈克承载了更多时代变迁和人生坎坷的故事。再次想起小姑跟我说的那句话：“小三毛虽然孤单却很坚强，生活艰苦却很乐观。”

小姑小时候也很孤单吧。原来小三毛有两个，一男一女。不同时空，不同地点，两个小三毛用各自的人生实践流浪，一生精彩却疲累，流浪过后回到上海相见，画上栖息的句点，两位三毛从此不再流浪。

从上海回到台湾的小姑创作了《滚滚红尘》这部破了金马奖得奖纪录的电影剧本。二十八项提名和卖座的票房，同时也致敬了她欣赏的作家张爱玲女士。因为这层关系，我也造访了位于上海常德路195号的张爱玲故居和旁边的纪念咖啡厅。在这里张爱玲创作了《倾城之恋》，而小姑也写了本《倾城》。在这本书中，当时上小学的我也给小姑写了一篇短序，表达了我对小姑的书还处于喜爱却不能体会的阶段。两位文学造诣卓越的传奇人物引领我来到这个城市。我虽然不是伤春悲秋的个性，却不自觉在上海繁华的烟火气中找寻那书中隐约的高傲文艺味，像是滚滚红尘中穿着合身旗袍的女人，洋气地跳着国标舞，偷偷观察着身边虎视眈眈的男人。

小姑在奶奶家对面的小木屋创作《滚滚红尘》。我们家人只知道小姑有了新欢电影，却还不知道剧本的整体构思。三年前，我在香港见了《滚滚红尘》的导演严浩，才知道剧本里有很多爷爷奶奶当时在大陆生活的影子，包括大时代的变迁和人生的转折。创作时手舞足蹈，恨不得自己也演上一段的小姑给严导留下很深的印象，直到后来严导都表示很想有朝一日能拍小姑的故事，也算是多年好友再一次的共同创作。小姑从小习画，电影中男女主角蒙着丝巾亲吻的著名画面，灵感就是来自比利时画家勒内·马格里特在1928年创作的作品《情人II》。而另一个男女主角在阳台踩着脚背跳舞的著名桥段也是浪漫至极，很张爱玲，也很三毛。

2019年3月，《滚滚红尘》修复版上映，更是勾起很多人的怀念，而我却陷入一句小姑跟我说过的话中："创作是生活的填补，人生如戏，戏也可以创造人生。"当时年少的我不懂，而今走过年岁，才能体会。

夕阳西下，走遍万水和千山，忘不了那最初的土地亲情，更逃不过最终的落叶归根。

于是不愿走的你，
要告别已不见的我，
至今世间仍有隐约的耳语，
跟随我俩的传说。
……
滚滚红尘里有隐约的耳语，
跟随我俩的传说。

《稻草人手记·亲爱的婆婆大人》节选

我先生荷西与我结婚的事件，虽然没有罗曼蒂克到私奔的地步，但是我们的婚礼是两个人走路去法院登记了一下，就算大功告成，双方家长都没有出席。

……

我终于杀死了我的假想敌。

我亲爱的维纳斯婆婆，在号角声里渐渐地诞生了。

三毛

哪里来的大胡子——马德里寻亲之旅

长途飞行一直是我想避免却避不掉的事，一年总会有好几次长途飞行的机会，各大洲的各大机场也几乎跑遍。这次却不只是一次飞行，也不只是一次旅行，我已回来一周时间了，但至今还无法准确地定义这次出行。

三毛文化的推广也做了一阵子，有幸得到很多三毛之友的鼓励与支持，也办了几场线上和线下相关活动。我当然很开心大家还记得小姑，但在内心深处总觉得空了一块，说不出哪里不对，或者也没什么不好，没什么不对，就是有个不知所以的小缺陷。

有一个周末因为要整理思绪，就整理起了衣柜，天地真以为衣服归好位，思绪也能自动归位。在一堆我称为“纪念款”的衣物中，一件小姑给我的牛仔外套抓住了我的眼球。拿起来闻了一下，干净的衣柜中不该有任何异味，奇怪的是我却闻到了撒哈拉沙漠的味道，一阵异国的呼唤和小姑那清脆柔软的声音，像回声一样不停环绕。突然间感受到有个呼唤，我知道一趟长途飞行是在所难免了。小姑选择撒哈拉也是在杂志上看了一张美丽的照片，我因为一件衣服也不为过吧！

选择去西班牙也是一直有的念头，一个内心的渴望，有个答案我必须亲身去找，却常被生活琐事的借口耽误。人有时就是得对自己有个狠劲儿，刷卡买上机票，就决定启程。现在有多少人能说走就走，不如说我是来一次完成心愿之旅，上路寻找的那片遗失的拼图，也许就留在那个遥远的地方，等你去找回。

小时候家里常有些看起来不像中国文化下的产物：一些穿着五颜六色衣服的玩偶，还有大块的银饰项链，看起来不是我那秀丽的妈妈和年纪大的奶奶会喜欢的首饰，长大后才知道那都是来自那个国度。如今，我就要去那个城市，摸着小姑以前的生活痕迹，追随她的脚步，感受这片土地偷偷传给我的信息。

经过十二小时飞行，飞机着陆前，我鸟瞰这片大地，有绿色，也有黄土。飞机缓缓降落马德里机场，气温比想象的高，本来常下雨的季节却意外天晴。此后的一路上都常听到大家说，这是小姑的欢迎仪式吧！刚下飞机后的我一般都是呆滞状态，客气地和空乘人员说声谢谢，也懒得遮掩脸上的疲惫，小心翼翼的生活就留在忙碌的温哥华吧！在这里，我只想放松地接收冥冥中安排的邂逅和惊喜，甚至未知的情绪跌宕。

马德里机场第一航站楼并不算新，后来我才知道它已经有近五十年的历史了。也就是说，小姑以前也是走这条出境路线，看着同样的风景，经过同样的过海关程序。一时间我兴奋地忘了时差，开始期待接下来几天小姑安排好的奇遇。

那年小姑给台北家中打了长途电话，是在1967年她刚刚落地马德里的那天。当时的航空运输和通讯都很磨练人的耐性，我试着猜想小姑当时的心情，她是多么坚强的女儿，报喜不报忧，同时又心细如发，不希望父母担心。第一通长途电话打通时，听到母亲急切的声音，小姑是不是有一丝丝后悔离乡背井来到这个完全陌生的城市？如果是我，肯定恨死自己的愚蠢和骄傲，自以为是的心墙都在母亲的一声问候中碎落一地。当时的小姑二十四岁，这个机场有她梦想的开始和告别家人的义无反顾。

“姆妈，我到马德里了，你们都好吗？我家里的书记得别放地上，台北潮湿。”小姑在电话中说道。

想念的话到了至亲面前往往只剩下不痛不痒的琐事。

电话那头的奶奶压抑着堆满的关心，只能小心翼翼地吐露一丝丝。听着女儿对家中书本的关心，其实这是她想家的暗示。倔强的旅人不能有留恋的犹豫，做母亲的只好再挤出更多的宽容，成全女儿的海阔天空，只求女儿安好，放心地去飞，家里有父母照顾。今天抵达同一个机场的我，并没有小姑当年的壮志，也没有远离家乡的不舍，毕竟我只停留一周时间。但是我多了追随与亲身体验小姑足迹的期待，就像是寻找一个家族的历史，带回那块遗失的拼图。

在他乡遇到同胞格外暖心，行前我已安排好了说汉语的司机送我去酒店。透过车窗，一路上我看到一幅和北美城市截然不同的城市画像。很少高楼大厦，至少我经过的路线上没有，也没有台湾常有的机车在马路间帅气地穿梭，更没有一堆挤着过街的行人。反之，有点年代的历史建筑处处林立，那些在其他地方列入保护古迹的艺术，在这里却坦然自在地站在街边，像人又不像人的雕像骄傲地看着我这个观光客，好像在说“我已经在这里站好几世纪啦，看，又一个少见多怪的人”，却不知道我真正的目的是来找寻一个亲人在这个城市留下的最美也是最痛的回忆，不知道这些是人还是动物的雕像是否见证过三毛与荷西的日常？

心情的忐忑是因为要见远方从未谋面的家人，一个在小姑口里热情和充满爱的西班牙家庭。第一句话该跟他们说什么？他们是不是还保留着荷西和三毛的物品？我们是否能一起重游荷西和三毛当年牵手漫步的地方？那位小时候小姑口中的大胡子姑丈，他是来自什么家庭，他生长的地方是什么样的，他的三观是怎么养成的，一直以来都让我好奇。可惜当时年纪小，无法在小姑的言语中体会，这次到访也算是圆自己的梦，见见我的西班牙家人，重温小姑当年的感动。当年的他们，现在的我们，何其神奇而珍贵！

到了酒店，刚放下行李，手忙脚乱中就接到显示西班牙国际区号“34”的电话。紧张！电话那头是荷西姑丈的家人，他的六姐卡门。我们双方什么也没多说，光是忍不住地哈哈大笑。电话那头听起来有好多人，用很开心的语调说着西班牙语和英语，有点嘈杂得听不清。管它什么语言，此时此刻，最好的语言就是真心真意。

酒店门童照着卡门给我的地址，好心帮我和不会说英语的计程车司机沟通好。我就带着追梦骑士堂·吉诃德的执着，踏上这最后一公里路，心里那头小鹿早已撞得头昏脑涨。目的地是荷西姑丈从小住的公寓，是他遇见三毛情窦初开的地方，也就是他们故事的开端。两个看似遥远的个体，就在这幢小公寓楼下悄悄遇上，成就了一段传奇的爱情。这个傍晚，重逢的喜悦和当年初识的腼腆交织在一起，我们真情上演着主角缺席的剧情。

短短二十分钟路程，经过了马约尔广场。这是个我熟悉的名字，附近人熙熙攘攘，衬着黄昏淡黄色的天空，颇有大城市风范。身为观光客的我却暂时没心思欣赏，心想按照地理位置来说，小姑应该也常经过这里，她是带着什么心情？是不是渐渐习惯西班牙的生活？是不是碰到什么困难却总想独自解决，没和远在台湾的父母亲说？

不自觉地忆起小时候，小姑常开着她的小白车带我和双胞胎姐姐出去，常常经过圆环。

我总爱说："多转几圈，看看中间种的花是不是一样。"

小姑总是说："不转了，浪费汽油。"

后来才知道，小姑总是记得爸爸再三嘱咐的"开车要稳，不要转圈，我女儿会晕车"。酷酷的洋气小姑，总是默默把叮咛记在心里。

马约尔广场，一定要再找时间来好好逛逛。

因为我不认识路，语言也不通，并不知道何时会到，只能一分一秒提着心期待着。车就在一个转角的联排公寓前毫无预警地停了下来，我的心脏也快停了。就是这里，小姑和荷西姑丈缘分的起始，故事的开端。

我的童年记忆中，小姑很少在孩子面前提起她的伤心，却会说起对荷西姑丈的想念。那种想念在言语中总是淡淡的，在心里却很深刻。儿时的我不懂，只记得这位素未谋面的大胡子姑丈是个阳光大男孩，爱运动，会真诚地表达爱，不掩不藏，有着西方人的直接。

"这是荷西姑丈最喜欢我戴的丝巾，在沙漠里的女人才戴，用来掩面的。”

那是一条颜色很朴实的浅褐色丝巾，材质轻薄，大小刚好遮住小姑的脸。小姑把这个看似不贵重的物品叠好，小心翼翼地收藏在衣柜的底层，脸上没有太多表情，却把这男人也安稳地收藏在心底。这个男人从小长大的地方，有着和小姑度过甜蜜时光的回忆。今天，我踏上了这公寓楼下的路砖，踩着他们当时的足迹，有着暧昧的欢愉与暗喜。

下了车，找到门牌，有点发抖地按了卡门再三告诉我，我小心记在笔记上的电铃号码，那个在心里已经默念很多次的数字。电铃声大到好像急迫地用斗牛士最大的热情欢迎我的到来，而我却近亲情怯，脚步有点害羞。

我进了狭窄的欧式电梯，灯光不太亮，电梯中没有其他人。因为和我熟悉的电梯不同，有点不懂怎么操作，不知道要先拉上门还是先按楼层，手足无措，也可能是心慌意乱而失了应有的逻辑。在电梯上我已听到楼上的人声，虽然听不懂西班牙语，却听出了七嘴八舌中的激动。

电梯门一打开，我看到公寓的房门是敞开的，卡门和妹妹伊丝帖已向电梯门口冲过来。两位精神抖擞的美丽中年妇人，穿着得体大方，满脸笑容，一下子融化了三月天的凉意。接着从房门中开心地跳出来的是荷西的大姐、哥哥和他们的子女们。电梯门口一下子挤满了人，进去和出来的人都被期待。荷西的家人，他们曾经见证荷西和三毛的一见钟情，曾经忙着在最短时间准备结婚文件后千里迢迢寄过去，在沙漠孤单生活中做荷西和三毛的后盾。还有荷西姑丈走后，陪小姑度过失去丈夫的日子，这份亲情，现在的我何其有幸能分享。

△ 荷西曾经生活过的公寓

一出电梯门，我一个跨步就跌进了第一排的卡门和伊丝帖的怀里，扎实地被腾空抱起，在空中停留几秒。含蓄如我，被吓了一跳，心里却暖暖的，充满了软软的温柔。

Hola[1]！你好！遥远却熟悉的西班牙家人，我回来了！

一进公寓门，房子并不大，满屋子的人有认识我的，也有不认识的我的，我们都很想好好认识彼此，脸上堆满了兴奋的笑容。这间荷西姑丈成长的房子，我虽然是第一次到访，却莫名觉得充满了熟悉和回忆的味道。我对培养了荷西善良、温暖又坚毅个性的家庭充满期待。

---

1 西班牙语“你好”的意思。

荷西姑丈的哥哥，另一个留着小胡子的成熟男人，因为不会说英语，善意地用手势示意我把外套放在玄关的衣架上。我一边和每一位迎接我的家人用唯一会的一句西班牙语“Hola”打招呼，一边乖乖地把外套放好。一路带来的沉甸甸的礼物还是紧紧抓在手里，生怕放在门口会忘了给他们。

卡门热情地把我领进客厅，我一时间不知道该照她说的坐下来，还是满足自己的好奇心先看看柜子上泛黄的照片。她细心地看出我的犹豫，主动拉我到柜子前。

“这是你荷西姑丈小时候的照片，他从小喜欢海，喜欢游泳，就是执着地喜欢。”

在一堆照片中有一张小小的黑白照片，上面是一个穿着白色水手装，带着大大笑容的西班牙男孩。我蹲低身体，让自己和这个天真可爱的小男孩四目相对。

他仿佛在跟我说：“你看，我将来要成为一个水手，每

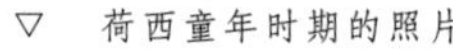
▽ 荷西童年时期的照片

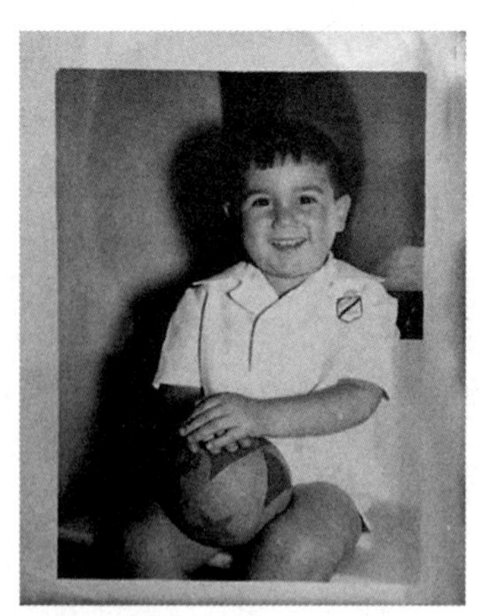

▽ 荷西少年时期的照片

天可以和大海一起，一定很开心。我还会给你家人幸福，一定会。”

客厅旁有一间敞着门的卧室，看起来很普通。卡门轻描淡写地说这是荷西小时候住的房间，一直住到十八岁。我屏住气，慢慢踏进了这个不算大的卧室。荷西家是传统的天主教家庭，有八个孩子，他排行第七，上面还有四个姐姐、两个哥哥，下面还有一个妹妹。小小的房间里，摆设已和当年有些改变，右边放着一张单人床，左边是一张书桌和一把椅子，两边墙上有书架，窗户外是对面的公寓，简简单单但满是故事感。

“小姑来过这房间吗？”我转头问。

卡门说：“当然有。他们常常在房里聊天，聊电影，聊朋友，无忧无虑的两个年轻人总是笑得很开心。”

穿着水手装的小男孩和自己的初恋在这个小小的房间里，窗口透进阳光，照射着甜甜的青春。那天的相遇，虽然

◁ 大学时期的荷西在西班牙加的斯

谈不上以身相许，却在年轻的荷西心中留下深深的渴望。他渴望多了解这位开朗又有些腼腆的东方黑发女子。

小姑当时正要参加荷西楼上邻居，也就是当地一位华人朋友家的宴会。那位华人朋友硬是把在当地求学的小姑拽来参加聚会。小姑很不想麻烦人，也不是很喜欢不熟悉的人之间的客套。万万没想到，这一次不好意思拒绝的聚会，却成就了被传颂近四十年的爱情传奇。

此后，三毛与荷西的俪影就常在这里出现。他们像一般年轻人一样嬉闹，荷西帮助小姑练习西班牙语，三毛给了荷西许下六年之约的勇气。这个见证一切的公寓，至今没有太多变化。而我们三毛与荷西的家人在此初见，也开启了另一段亲情的再续。

荷西的家庭是个极有爱的大家庭。上个世纪初，荷西的祖父只身去了阿根廷工作，开始自己的事业，在那儿一待就是二十年，而荷西的父亲就是在阿根廷出生的。几年后荷西的祖父去世，他父亲回到西班牙，在一个南方的小镇定居下来，因为学会计的背景而进了银行工作，并在那里遇到荷西的母亲。

1951年，荷西就是在这个叫作安度杜尔的小镇出生。我意外地发现，这个气候温暖的小镇竟然种满了小姑歌词中的橄榄树。直到后来几天我到了小姑和荷西住过的大加那利岛和帕尔马岛上，[1]这首传唱几代人的《橄榄树》音乐也一直陪伴着，在我耳里单曲循环。

1　三毛作品中的“大加纳利岛”和“拉芭玛岛”在大陆译为“大加那利岛”和“帕尔马岛”。

△　荷西家人向作者介绍三毛作品的西班牙文版本

尽管厨房里传来阵阵香气，我们还是选择先在沙发上坐下，好好看看彼此。其他荷西的家人陆续抵达，我们入乡随俗地亲吻彼此的左右脸颊，这是最好的国际语言。我迫不及待地拿出从台湾带到温哥华，再从温哥华带来马德里的礼物。一座琉璃的装饰品和台湾的高山茶，很高兴他们也喜欢。排行最小的荷西的妹妹伊丝帖开心地走向我，她的手藏在背后，脸上露出调皮的笑，旁边的人也跟着偷笑，等着看我的反应。

我站起身，她从身后拿出两本深灰色的西班牙文书，不说话只就是笑。厚厚的深灰色书上印着小姑的照片，很有质感的设计。

“这是小姑的西班牙文新书吗？什么时候出的？”

我在来之前已知道第三本三毛作品的西班牙文译本即将发行，没想到就在我抵达的前一天正式上架，卡门和伊丝帖特地让出版商送到了家里。西班牙对小姑的意义非凡，这热腾腾的书就像3月26日小姑生日前夕到来的礼物。一位华语作家因为对写作的喜爱，随手记录了异国的生活故事。三十年后，用另一种语言让书中的人物再次经历故事中的喜怒哀乐。今天这本书我是从荷西家人手中拿到，命运仿佛充满了突如其来的循环。

晚餐丰富到我有些不好意思。荷西家人却待我非常亲切，仿佛我是一个周末回家吃饭的亲人。我也就不把自己当外人，帮着搬桌椅，放好碗盘和酒杯，不知道小姑当时是不是也负责这项工作？长长的桌子一瞬间被香气满溢的西班牙美食铺满。我们倚靠着长桌围坐，我偷偷咽下口水，肚子早就打了一阵子的凤阳花鼓。

命运就是这么幽默，荷西有个侄女和我同名，也叫洁西卡[1]，大概比我年长几岁，在纽约出生，英语说得非常好。我们一见如故，有聊不完的话题。她特地坐在我旁边，确保我不会有沟通障碍，真是个非常贴心又健谈的美丽女人。她一一介绍十几样菜，她说完最后一样，有时差的我已经忘了第一样，到头来还是只知道西班牙火腿、海鲜饭，还有我眼

1　作者英语名叫Jessica。

前的三文鱼。

我们各自拿着红酒、白酒、啤酒和果汁，举杯祝福。此时此刻，任何言语也道不尽心中的激动。分不清是四十年后的相遇还是重逢，总之都是梦想成真的感动。我们紧紧相聚在一起，楼下传来的邻居孩子的嬉闹声音，以及说说笑笑声中的开心时刻组成了我在西班牙的第一餐。

忙进忙出的洁西卡转了一圈，回头看我右手拿着叉子，等着荷西大姐先下手，我才敢"染指"眼前新鲜欲滴的橘色三文鱼，她哈哈大笑。

"快吃，快吃，别客气。"

为了这次远道而来的亲人回家的晚餐，荷西的家人早早已经开始准备。有的从远方开了四小时车赶来，有的在家里的菜圃中摘了新鲜蔬菜，有的一早开始和面粉，有的担心我从温哥华来会不会已吃腻了海鲜。我何德何能，感谢远方家人的热情付出和所有的一切。

西班牙的美食让我不但开了胃，也着实开了眼界。我在温哥华时，也在三毛微信群的线下聚会中尝试过西班牙菜。说实话，还是西班牙本地的菜对我的胃口。不知道是不是西班牙南北菜式的不同，这顿晚餐的食物完全没有太咸或太酸，或许是家人间的了解战胜了文化的差异，家常菜在世界各地都是完胜五星级大饭店的。

"荷西姑丈以前也常吃这些菜吗？"

我一连吃了好几个土豆、半个蛋饼和两个肉丸，填饱了肚子后还是忍不住想多了解这位素未谋面的姑丈，小姑灵魂的另一半，以填满好奇心，这也是这次旅程的重要目的之一。

△ 作者和荷西家人

◁ 荷西用过的蛙镜

“这些都是我们平常吃的菜，荷西喜欢吃蔬菜和西班牙油条，明天我们带你去马约尔广场时可以尝尝。”

卡门带着笑容回答，我举起酒杯和她碰了杯，一切尽在不言中。

荷西走时正值壮年的二十八岁，依丝帖是家中最小的妹妹。

“荷西走时，年轻的我正在希腊旅游。当时我已打算偷偷回来，给家人一个惊喜。那个年代联系很不方便，我又在旅程当中，家人无法联系到我。”

满心欢喜回来的依丝帖，却万万没想到她和感情最好的哥哥已经天人永别。一场意外，无情地在两个家庭里炸了个大洞，至今无法填满。穿着水手制服的小男孩从此和他的海永远相依，却和他的家人、爱人永隔。十二年后，小姑也走了，相信重聚后的他们，是自由的。

晚餐在愉快的气氛中结束，卡门帮我叫了车送我回酒店。

“明天见。”她隔着车窗大喊。

我眯着眼笑，连声道谢。

隔天一早，我们以开心和怀念的心情开始了追随小姑和姑丈的足迹。不管是相遇还是重逢，都是美好的际遇。

因为是周末，马约尔广场人潮涌动。观光市场前的街道上种满了莓树，春意盎然。卡门和依丝帖虽然年纪不小，但西班牙人天生的乐观和轻易感染人的热情，总让我们忘了她们的年龄。一路上她们兴奋地向我介绍这个她们成长的地方，我虽是第一次和这座城市见面，却充满熟悉。

“以前荷西和三毛常常跟我们一起来这里逛街、吃午餐，大部分的时间就是随意走走聊聊，没有目的，只想在一

△ 左起依次为卡门、伊丝帖和作者

起，生活就是那么简单。”

西班牙是很多北欧人来避寒度假的地方，马德里充满各色人种，都是闲逛的慢步调，我也跟着放慢脚步。

我们经过一家服饰店，里面有很多南欧风情设计的项链、耳环、手环和洋装皮包等，都是小时候在小姑房里看过的，今天终于我找到了货源。小姑平凡生活中的小发现，经年累积成了后来三毛式的穿搭风格，至今独树一帜。因为这个发现，我心里有了份踏实。广场上很多年轻人驻足，加上卖力表演的街头艺人，不停拍照的观光客，还有打闹的小孩，非常热闹。广场中心被公寓从四周包围，很多人在阳台坐着，望着楼下的喧嚣，欣赏一下午的欢乐。

“这就是荷西很喜欢吃的西班牙油条。”我们漫步到广场后面，卡门指着一家排着长长队伍的小店说。

西班牙油条和中国油条可说是同父异母的兄弟，个性不同，口味不同。西班牙油条要配热可可或咖啡，中国油条要配豆浆。一甜一咸，各有所好，值得一试，可惜荷西没机会尝尝中国油条。

“这是家百年老餐厅，以前我们和你小姑常常来这里吃饭。我们就像其他年轻人一样走走逛逛，享受周末时光。荷西和你小姑总是手牵手，有说不完的话。”

卡门在一家路边的西班牙餐厅前停下，我从她眼里看到对弟弟的想念和对青春的追忆。

“你小姑对人很有兴趣，特别喜欢听我们说生活上和朋友相处的小故事，有时候我们也会聊聊男孩子，她给我出出主意。我和她不只是姻亲，更像无话不谈的好闺蜜。”

伊丝帖也陷入沉思。我在她旁边静静地感谢这家人给小姑的温暖和对我的款待，两家人的缘分至今不变。

马德里处处有古老的建筑，成就了这个城市的人文感，大概这也是小姑会喜欢这里的原因，我分外珍惜这次的文化沉浸。我们来到一家在路边的百年书店，其实比较像是书报摊。卡门说这是小姑最爱逗留的角落，常常可以停好几小时，每本书都想买回家。

“她看了很多书，所以她的西班牙语越来越好。刚开始还有些语法和发音的错误，半年后已经说得很好了。我哥哥因为在德国待过，你小姑还会和他用德语交流，非常有语言天分。”

伊丝帖补充道：“荷西比较喜欢运动，你爷爷很喜欢他的

△　作者和卡门、伊丝帖在马德里书店看到三毛的作品

运动细胞，你小姑好像不太爱运动，比较喜欢看书和聊天。”

从她俩边走边随口聊到的一字一句中，我渐渐拼凑出小姑在西班牙一点一滴的生活日常。小姑的喜怒哀乐多年后可能再也无法用只字片语描绘清楚，但是可以确定的是，在这里她是被爱着的，这些西班牙家人给了她很多的温暖和接纳。在他乡重新开始并不容易，小姑在这里努力适应，接收南欧的阳光与热情。

卡门和依丝帖带我吃了著名的小吃Tapa，小而精致的食材。小店里聚满了人群，我们就站着吃。看着她们为了我忙进忙出点菜，我着实感谢。我们边说边笑，碰杯敬酒，我也开始习惯西班牙三餐的生物钟，放松地享受。

我因为兴奋没感到疲累，却不好意思再打扰卡门和伊丝帖，虽然她们年近六十还非常硬朗健康。

舍不得和葛罗（荷西的姓氏）一家人说再见，但时间还是到了。因为隔天我要赶一早的飞机去小姑和荷西居住过的大加那利岛和帕尔马岛，卡门和依丝帖明早也要开车回到她们居住的城市，我们就在街头道别。我的心中充满感恩，也知道一定还有下次相聚。

这是一场短暂而深刻的见面，这几天的陪伴饱含着情绪的起伏。四十年后两家人相拥的那一秒开启了下一代的传承。开始就会一直持续，天上的荷西与三毛也会手牵着手感到欣慰。

而我的下一站，三毛之岛，更是小姑生日的礼赞。

《稻草人手记·逍遥七岛游 大海中的七颗钻石》节选

不知何时开始，它，已经成了大西洋里七颗闪亮的钻石，航海的人，北欧的避冬游客，将这群岛点缀得更加诱人了。

……

可是荷西和我更乐意带了帐篷，开了小车，漂洋过海地去探一探这神话中的仙境。

三毛

逍遥二岛游：
原来你也在这里——大加那利岛（上）

去过很多大大小小的岛屿，小时候在台湾郊游时去的绿岛、兰屿，搬到加拿大西部城市温哥华之后，旅游胜地的温哥华岛周围有各式各样的私人岛屿，对我一个出生成长在宝岛台湾的旅游爱好者来说格外亲切。然而，这次准备造访的两个位于西班牙西岸、非洲北岸的小岛，对我、对我们整个家族来说都是别具意义与期待的。荷西走后，四十年后我们陈家人第一次踏上这片土地，为此我油然而生一种任重而道远的使命感。

小姑在《逍遥七岛游》里记述了她和荷西当年来到加那利群岛这七个被称为“金苹果”的岛屿，那个在古希腊《荷马史诗》中被赋予神秘色彩，令水手们向往的仙境之岛。当年小姑和我们现代旅人一样在行前做足了旅游攻略，当时没有网络，全靠着图书馆里的旧书和朋友间的口耳经验相传，不但费时，资料也不齐全。然而熟悉小姑个性的人都会和我一样，相信小姑一定是带着兴奋的心情仔细阅读。她一向是对新鲜事物、人、地方和文化充满如同孩童般的好奇，再长的路、再累的准备都浇不熄她的义无反顾。

当时因为战乱，西班牙丧失撒哈拉沙漠的统治权，小姑和荷西姑丈便想从撒哈拉沙漠搬回西班牙。因为大加那利岛的善良人文风气与邻近北非撒哈拉沙漠的地理位置，他们选择落脚于加那利群岛中的第三大岛大加那利岛。《逍遥七岛游》写的就是小姑已经落脚大加那利岛后去其他几个岛游玩的经历。

相信很多三毛的读者对于这段故事都很熟悉，也有很多特别有行动力的读者已经不远千里，亲自追随三毛的足迹，以书中极其有限的资料为基础，做了比小姑当年更多的攻略，千辛万苦地来到这七个在我们华人眼中的“三毛之岛”。在此，我感激之余，更想回忆的是长辈们提起当时小姑辗转搬迁，前有很多的未知与彷徨，后有纷飞的战火在追赶，两个相爱的人紧握彼此的手，没有畏惧。而远在台湾这个小岛的家人们更是担心却爱莫能助。

曾听家中长辈说起，小姑是在1976年左右到了加那利群岛。当时我才四岁，每天待在奶奶家无忧无虑地玩耍，浑然不知家里人对小姑的担心，甚至不知道远在那个金苹果小岛有位后来和我成为好朋友的家人。那可是个寄一封信到欧洲都要整整一个月的年代，很多人都不知道西班牙在欧洲的东南西北，一个华人女子为了爱却去往本来人烟稀少的沙漠，在颠沛的生活中找到了快乐和满足。

那时的新闻是报道了撒哈拉沙漠的长久战争，一对没出过亚洲的父母在电视前看到女儿居住的地方处处烽火连天、硝烟四起，简直心急如焚。尽管身为父母非常希望把子女留在身边照护，可他们却用最大的包容与尊重去支持这个特殊孩子的梦想与自由的灵魂，把担惊受怕藏在无私的慈爱里。

他们在家庭的晚餐饭桌上也甚少提及自己的忧虑，是不想小姑的兄弟姐妹也加入担心。他们只能默默祈祷战争赶快结束，远方的女儿和女婿捎来一切安好的信息，这是父母的另一种爱和一力承担。

今天我带着已故祖父母曾经的不安以及家中长辈对小姑的想念，在马德里和荷西姑丈一家人分别后，乘坐西班牙国家航空公司的飞机，在清晨来到这个属于小姑的岛屿。虽然我深深知道这会是一次情绪波动很大的旅程，但还是早在飞机起飞时就难掩心里的激动。

《逍遥七岛游》中提到，小姑和荷西决定从居住的大加那利岛前往其他岛屿旅游时，第一时间就排除了坐飞机的选择。比起节省时间坐飞机、住舒适的大酒店，他们更喜欢坐船和住帐篷。小姑总是选择能接近当地人、体验当地人文的旅游方式。这一站我却惭愧地选择了乘坐飞机，随行的还有跟拍纪录片的团队的导演和我的好友小月，帮我忠实记录这次意义重大的人生里程碑。虽然我们是为了省时间，拍摄器材也很庞大沉重，加上我有晕船的恐惧，但这些着实都不是借口。现代人为了便利，确实错过了很多慢生活中的风景。带着内疚抵达大加那利机场，见到小姑当年的忘年好友南施姐后，又再次感激小姑的牵引。她的好友四十年后早早在机场等候她的侄女，相信是小姑的安排成就了这温暖的一幕和这份跨越年代的缘分。

“天慈，天慈！在这里，这边，看到了吗？”

南施姐一边在微信上喊着，一边快跳起来似的伸长了脖子和我招手。她身旁站着小姑当年的另一位好友晓秋和一位西班牙友人玛卡门女士。

△ 三毛故友张南施（左一）、三毛公园海边餐厅老板佩里科（左二）、玛卡门女士（右二）和三毛故友付晓秋（右一）在机场接机

我推着行李车，茫然地左顾右盼，同时在微信上大喊：“看到了，看到了，我们过来了。”嘴边的笑容立刻扫光了连日来的疲惫。

此前一直和南施姐在微信上交流。她是个热心的人，帮我们推荐了酒店和航班，让我们第一次来到这陌生的地方却并没有感到不安。她身边的玛卡门女士也非常热情，虽然不会说英语，却给我一个大大的拥抱加上一连串的西班牙语。我只能回以微笑，真心感受到她对我们来访的盼望。从她们的笑声中，我闻到小姑对这个岛的偏爱，热热的空气中有着黏黏的情意。

“我们先去吃饭，就到那家海边餐厅，然后我带你们去逛逛。”

我们到停车场拿了车，南施姐上车后一边发动引擎一边说，还不时往后视镜看看另一辆车是否跟上。玛卡门女士载着晓秋和纪录片导演，紧紧跟着我们出了机场。我一时间来不及感受这一切的奇妙，就这样糊里糊涂被命运安排着来到了岛上，推进了他们的回忆和我的第一次体验里。

我们往泰尔德开去。因为刚从马德里这个大城市飞过来，一路上我的第一印象只觉得这是个单一的土黄色基调的朴实城市。对一个长年生活在北美粗犷文化中的人来说，这里的建筑还带着在加州度假村见过的拉丁风格，有点熟悉感。小姑从荒芜的撒哈拉沙漠来到这里，确实也花了点时间适应，这点后来她回台湾时也跟我们提过。她的说法是跨度怎么都比不上回到嘈杂的台北大，刚下飞机的我渐渐能体会。

不久后，我们的车子停在海边。这是一个叫"男人海滩"的地方，而我们眼前的海岸只是"男人海滩"的一小部分。也许这片海好比男人，确实不太好懂，这海浪的汹涌也像爱情中不可避免的七上八下，时不时来折磨人。小姑当年听到这片海的名字时，是不是也有这种感悟呢？那温柔的夜、海边的星空和那无尽的孤单。男人海滩，男人再也不归。

"我们先吃饭吧！"

南施姐早就知道我们会忍不住往海边走，一下车她就先发制人地发号施令。可惜她的话并没有奏效，我们还是被这片海和那面有着小姑画像的蓝墙吸引了过去。这是个特殊的海边角落，是由当地政府规划设计的"三毛角"（Rincón Sanmao）。车刚停下，我们就见到了墙上海报里的小姑穿着在沙漠中常穿的白袍，飘曳的长发任风吹散，远眺着这片"男人海"。

RUTA

Sanmao (1948-1991), escritora chino-taiwanesa icono en los países asiáticos. Vivió diez años en Playa del Hombre, Gran Canaria como Echo Chen. Su influencia fue vital para sus compatriotas que hoy siguen su estela y nos visitan. Sanmao dejó tras de sí, más de veinte obras, fue guionista de cine y la traductora del personaje de "Mafalda" al chino. Mujer amable y cariñosa. Le gustaba bajar a la playa a recoger "callaos" para enseñar a los niños a pintarlos.

"Las Islas Canarias son un paraíso turístico, tener que describirlas en este relato tan corto es una lástima. Espero que algún día el lector pueda venir a visitar este archipiélago..." (Sanmao)

三毛（*1948-1991*），中国台湾作家，曾在大加那利岛男人的海滩（*Playa del Hombre*）居住了将近十年之久。她的作品在亚洲广为流传，至今仍深刻地影响着同胞们追寻她的足迹 前来这里探访。三毛留世有二十余部著作，当过电影编剧，还是漫画*Mafalda*的中文译者（中译本名为《娃娃看天下》。她和蔼可亲，平易近人，喜欢在海滩边捡一些鹅卵石教孩子们在上面画画。

她曾在一则故事中写道："加纳利群岛是旅游天堂，要在这么短的篇幅里把它全部描绘出来真是太可惜了。我希望有一天读者们能够亲身前来探索这些岛屿。"

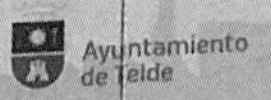

△ “三毛角”海报

△ 作者在“三毛角”

此情此景，我当然完全听不到南施姐在旁的声声呼唤，独自向小姑的画像前走去。她一个人眺望着海，是不是在等远方的亲人？

“原来这是你梦中的那片海。”我在心里对她说。

虽然这里被称为角落，实际上是一个小公园。中间天空蓝的墙上有小姑的画像，墙前放了一张可容纳两三人的铁椅，大概是让人在此陪陪小姑，静静看海。除此之外，还有几个孩童玩的溜滑梯和秋千。听那位玛卡门女士说，设计师当时的灵感是来自三毛对孩子的喜爱，也是想让孩子的笑声充满这片本该愉快的海边。

这个为小姑定制的角落以及西班牙人对小姑的厚爱着实让我感动。小姑曾有两段时间在此居住，第一段是小姑和荷西因为西属撒哈拉沙漠中的战乱，从沙漠搬来大加那利岛。他们选了一个离海边不远的平房，有荷西喜欢的海和小姑喜欢的宁静。当年在这岛上生活的亚裔人不多，镇上出现一位亚裔女子也是很突兀的。见过各种文化差异场面的小姑，早就习惯各式好奇的眼光。荷西出去工作的日子，小姑会在家写作、看书，不主动和人联系。午后在海边散步，独自闲晃，到市场买菜，带一束花回家，也和邻居攀谈。小姑喜爱这小岛独特的自在和惬意。

第二段是荷西姑丈去世后的上世纪80年代，小姑独自一人回到这个变得过于宁静的岛。还是在家写作、看书，更少与人联系了。午后的海边散步也减少了，也许是因为她对海已有说不出的失望。曾经美好的回忆，如今却形单影只，这片海，已是不敢靠近的背叛。

小姑的海陪伴着今天的我们造访“三毛公园”。经过快四十年后，这里以她的名字命名、重建，中西文化在这里无形地交流，相互影响。海浪虽汹涌也不再是眼泪的化身，而是对生命的感动。这片海默默见证着命运的潮起潮落，欢喜离合。

一阵感叹与唏嘘之后，还是得满足俗人的口腹之欲，更不用说我在来之前就收到很多三毛之友转发的“三毛丸子”的照片，我非常期待吃到它。

一进这个海边餐厅，就感觉整个餐厅充满着度假气氛和西班牙人的乐天欢笑。里面坐满了人，大部分是家庭客人和零星的旅客，黑头发的亚裔人只有我们一桌。我们选了张靠墙的长桌，南施姐用流利的西班牙语点了一桌子好酒好菜。早在马德里的荷西家人的盛情款待下，我已彻底爱上西班牙小吃。虽然进餐时间和我们习惯的不同，但必须得承认所有的等待都是值得的。

自从踏上西班牙的土地，这个吃饭时间的问题总让我脑海里充斥着小姑翻译的漫画《娃娃看天下》中的情节。那个爱谈政治的阿根廷小女孩玛法达和她爱喝汤的弟弟吉也每天下午都要睡长长的午觉，晚餐吃到半夜，每年家庭都要去度假晒得红红的回来。这是我了解西班牙人生活习惯的开始，也是小时候看这漫画时常和小姑聊的话题。小姑总说西班牙人如果夏天不去度假，就不好意思跟人说，要偷偷躲在家里。我回了一句："他们度假是做给别人看的，我们度假也要照很多照片，回来给同学看，全世界的人都一样。"

这次旅程我也是亲身体验了一番特殊的饮食文化。我们围坐在桌边，用味蕾感受这个初次造访但又熟悉的地方。第一道菜是新鲜的三文鱼，配上单宁丰富厚重的西班牙葡萄酒，来自三文鱼之乡温哥华的我也不得不写个服字。我毫不客气地把自己的疲惫狠狠地浸在这南欧的氛围里。

"你小姑和我是忘年之交，认识她时我才十五岁，她应该是三十出头。当时年纪小，和小姑并不太熟悉，只知道镇上来了一个爱读书的大姐姐，当时还不知道她是作家。后来，直到荷西去世，小姑又回到岛上，当时我十八岁，我们才热络起来。我常常去她家看中文书，和她聊聊天，很喜欢她。"南施姐拉起我的手缓缓叙述。

经过这些年，不管是南施姐还是我们家人都已渐渐从失去这位亲人或朋友的悲恸中走出，回忆起她的一切，只有甜美、温暖，如今更是因为她把周围的人再连接在一起。

"小姑有没有常常去你们的中餐厅？她有没有跟你父亲学几道拿手菜？"

我好奇地问起。南施姐家开的中餐厅在当地享有盛名。

“她常来，但是她总是说得多吃得少，你知道的，她对人的兴趣大于食物。她总是主动关心身边的人，这里的人都很喜欢她。”南施姐继续说，“当时的小镇上人口不如现在的多，当时也没有这家餐厅。我们也很关心荷西出去工作时一个人在家的她。我们家住在北边一个叫作拉斯帕尔马斯的城市，到她家也要二十分钟车程。平常小姑除了去我们那儿办事，没事时也会在这里附近散步。”

我望向窗外的海和熙熙攘攘的人群，想象当时清静的小镇。小姑等着丈夫回来，有个盼望总是好的。

“三毛丸子”我终究还是没有吃到，当天客人太多已经卖完了，我有点遗憾。这种丸子是用三文鱼和鱿鱼做的。上世纪70年代很多远航渔船来此，所以这里渔产丰富。小姑特别喜欢吃鱿鱼，也很会烹饪海鲜。于是，和我们同行的玛卡门女士就建议这家后来开的餐厅的老板，给这道菜取名为“三毛丸子”。这位玛卡门女士满脑子都是小姑，仿佛和小姑早就认识，做闺蜜很多年了。我的家人能让远方南欧小镇上的餐厅有一道菜以她的名字命名，着实令我感到骄傲，下次一定要再回来尝尝这个丸子，相信除了小姑的味道，还会有浓浓的人情味。

南施姐提到小姑的烹饪技术受到当地朋友喜欢，这让我不禁想起小姑亲手做的那道西班牙海鲜饭，就是在她刚搬回台北的第一年下的厨。我的母亲，也就是小姑的弟媳妇也在旁边学习。据我母亲的回忆，小姑不太讲究食材和调料剂量多少，随心所欲，全凭心情，煮的人开心，吃的人也会开心。小姑煮的不只是一道菜，还是对西班牙故人的怀念。那道西班牙海鲜饭一上桌，我和姐姐立刻拿起勺子挖了一个大洞。两个小孩满嘴的橘黄色饭粒，满心的新奇。

“小姑，我们把你的西班牙吃掉了，你再也回不去了。”

我们吃饱后，跟餐厅老板道了别，拍了合影照片，带着忐忑的心情上了车，因为下一站是小姑的故居，那个她和荷西曾经厮守的地方。

“我们和小姑的邻居甘蒂约了三点，现在怕迟到，得赶快了。”

南施姐是个认真负责的人，已经在几天前安排好了一切，为这次将近半个世纪后的见面做足了准备。

她接着说：“小姑那间房子现在的主人为了见你，也特地从马德里赶来。他们平常不住在这里的，只是偶尔来度假。”

我心想这次旅程真是麻烦了不少人，有点过意不去。

车没开多久，经过几条上坡的道路后就停在一个街角。一切仿佛理所当然，就这样要和她的家见上面了吗？

南施姐和其他当地朋友已经不是第一次来了，对于一切早已熟门熟路，并没有注意到我的紧张。我和纪录片团队的小月、王导一行人跟在南施姐带领的队伍后，听到他们一阵阵高昂的西班牙语问候，还来不及缓过来，人已站在小姑的家门口，这个常听小姑怀念起的家。

2018年起，在许多西班牙民间友人的努力促成下，大加那利岛和帕尔马岛两地的政府开发了“三毛之路”这个旅游项目，目的就是纪念小姑对中西文化的贡献，同时鼓励多一点华人同胞来到这两个美丽的小岛。每个“三毛之路”的景点前都会有个政府认证的蓝色方形标志，醒目地写着“三毛之路”。除了刚刚我们去的“三毛公园”，小姑的故居也是重要景点之一。小姑的故居因为其重要性，门前的标志也特别大。左边是小姑那张穿着迎风飞扬白袍的照片，带着浅浅的微笑看着每一位来看她的访客，右边用西班牙文和中文分别写着“Ruta Sanmao”和“三毛之路”，简简单单的设计已道尽这个地方对小姑的尊重和情感。旅客仿佛了解三毛爱安静的个性，总是三三两两而来，人不会太多，也不会逗留很久，只是静静地陪她一会儿。

这个家是小姑在上世纪70年代和荷西一起居住的房子，荷西去世后小姑独自回到这里已是80年代，直到决定搬回台湾久住，她才万般不舍地出售。1979年秋天，爷爷奶奶长途飞行来看小姑，也见见这位传说中迷恋小姑的西班牙大男孩。

房子的现任屋主朱利欧先生和夫人站在门口迎接我们，这是一对挺高大的、和蔼可亲的西班牙人，先生穿着衬衫加西裤，夫人穿着凉爽的洋装，休闲又不失礼仪。小姑的房子他们接手照顾，一砖一瓦尽可能保持原状，一间给人感觉干净整齐、清清爽爽的房子是小姑的个性与人生态度的体现，简单、自我却也无害地静静存在着，默默地影响周围的人。

“Hola！”

我用了西班牙语来问候，大家拥抱成一团。

“你是第一个来访的陈家人，我们很高兴，也很荣幸。”

透过南施姐的翻译，我和屋主朱利欧先生在门口就迫不及待地聊了起来。千言万语一时间不知从何说起，一堆疑问堵在嘴边，思绪来不及处理。

这一脚踏进门，心底钻进一阵任我如何武装也无法抵抗的暖意，除了缴械投降，心里还有些喜滋滋的。没错，这是她的味道，她在这儿，今天也在。

《稻草人手记·逍遥七岛游 大加纳利岛》节选

这本来是一个安静而人迹稀少的岛屿，十年前欧洲渴求阳光的游客，给它带来了不尽的繁荣，终年泊满了船只的优良大港口，又增加了它的重要性。

三毛

逍遥二岛游：
原来你也在这里——大加那利岛（下）

小姑的故居位于这条街的三号，和旁边的住宅其实没多大区别，是幢很普通的建筑。橘红色的砖加上白色的墙，大门是一扇铁拱门，屋顶是橘红色的瓦片，很有度假城市的风格，给人舒服、放心的感觉，莫名的让人喜欢。说实话，我不确定我是不是能公平地评断，在我心里早已对这房子有了先入为主的好感，一见钟情就是这感觉吧！

进门后是一个宽敞的长型走道，地上铺着米白色的大瓷砖，右边是个小花园，有一丛茂密的矮树和一块目前没有花的花圃。

“小姑以前很喜欢在这儿种花，可惜当时的花没留住。”

南施姐是很好的口译，一直跟着翻译朱利欧先生的话。我猜他的意思是好花不常在，人走花谢。我们没有直接进屋里，而是走进了走道尽头的车库，车库门开着。

“这个木架子是当年荷西自己做的，他的手艺很好，木工做得很坚固，到今天我们还在用，也算是对他作品的尊重吧！”

△　三毛故居一角

当时，小姑总是收集很多石头，她还说石头就像她的朋友，需要呼吸。所以宠爱她的丈夫荷西就亲手做了这个木架子，上面放的不只是石头，还有对妻子满满的包容与欣赏，一个丈夫对妻子的爱，直至四十年后依然经久不衰。我也伸手触摸这木架子，确实很细致，没有刺人的木碴和剥落的油漆。

如今，车库并没有停车，也是整齐地放了很多杂物，当成了储藏室在用。朱利欧先生摸着木架子，脸上带着喜悦，迫不及待地跟我说当年的故事，仿佛是憋了四十年的故事终于能向对的人吐露。

经过一番户外的参观，我的期待已经压抑不住。朱利欧先生看出我的兴奋，带着我们进了屋内。他了解我不会放过任何属于小姑的角落，每处都会仔细品味。

一进门先是一个长条形的前厅，朱利欧先生告诉我们，这个空间是当年小姑在时就有的，他们并没有改动过。他们收房时，小姑还告诉他曾经想把这里改成花房，后来并没有这样做。再往里走就进入主屋，屋内很凉爽，很干净。首先是客厅，四四方方的，暖暖的三月天，有阳光洒进来，好像小姑在对我们微笑表示欢迎。我一眼就被进门后左边的一个特殊设计吸引住了——厨房和客厅之间是一个拱形的墙洞，让在这个半开放式的厨房里做菜的人可以一眼望到客厅窗外的花园。我想小姑一定很喜欢从这个角度看窗外的黄昏，等待荷西归来，计算着上菜的时间。那是属于小夫妻的日子，那是她半圆形的世界。想起小姑在台北的房子，客厅也都有几个窗户，那是她喜欢的，她总说窗户是代表自由和希望。

“人有时候不能完全自由，但是至少要看到希望。”小姑常常说。

朱利欧先生带着我们走到厨房后面，一一参观每个房间。因为年代久远，不得已很多家具都已经更换了，格局也稍有变动。里面的两个卧室并不大，我甚至分不清哪一个是主卧，哪一个是次卧。

“你的爷爷奶奶来时，就是住在这个卧室里。”朱利欧先生在一个小房间门口说道，南施姐也忙着替我们翻译。

这是一个有两张单人床的卧室，两张不算大的床上整齐地铺着白色床单。进了另一间卧室，墙是后来刷上的深绿色。里面靠墙放了一张大床，几乎没有其他装饰。

△ 三毛父母前去探望三毛时居住的房间

△ 三毛和荷西的房间

参观完两间卧室，我心跳加速，脑海里出现小姑、荷西姑丈和爷爷奶奶住在这里和当时他们相处的画面。还有那张爷爷和光着上身的荷西下棋的照片里，西班牙的热情和中国传统的亲情交织在那张小小的棋盘上。爷爷托着腮帮子，荷西光着上半身，想必彼此他们的关系已不陌生。异国的岛屿上拍下的平凡的家庭生活照，透出西班牙人度假般的愉悦。小姑肯定是幸福的，有爱她的丈夫在身边，在那个难忘的中秋节前夕，还有父母不远千里来探望。

爷爷奶奶常跟我们说荷西姑丈的好，尤其是他爱运动的好习惯，特别合爷爷的心意。爷爷是个爱运动的人，曾经想把子女和孙女都培养成运动员，最后只有这位洋女婿是个运动健将，所以他对荷西姑丈也是诸多称赞。荷西姑丈虽然

◁△　三毛、荷西和三毛的父母在西班牙

不会说汉语，英语说得也不流畅，两人却能像父子一般的畅谈，双方肯定都花了不少心思，也是很大的缘分。

房子的最里面是一个洗衣间，是后来打通扩建的。地板上浅橘红色的瓷砖和门口的砖很相衬。

我们在客厅的藤椅上坐下，和朱利欧夫妇聊了一下，得知他们在买这房子之前其实并不认识小姑，也不知道小姑是因为太悲伤而不得不卖掉这房子。后来在房屋交易过程中认识后，他们觉得小姑是个很亲切的华人女子，不过不知道她是著名作家。

朱利欧先生说："你小姑搬走时还给我们送了一盆花，至今我们还记得那份善意。最近几年，门前常有华人旅客驻足，有时候还对着我们的大门唱歌，我们也不知道为什么。

打听了之后，又在网上做了很多资料搜寻，才恍然大悟。”

说到这里，夫妻俩相视一笑，好像在笑当年的“不识泰山”。

“后来政府把这里规划成‘三毛之路’的一站，我们也欣然同意，算是纪念这位后来才熟悉的前屋主。今天把这个故事传给她的家人，也算是一个交代。很高兴能有这个机会。”

我赶紧回应：“很感谢你们对小姑故居的爱惜，尽力让它保持原状，以及对‘三毛之路’的鼎力支持。”

我上前握住朱利欧先生和夫人的手，也顾不得对于初次见面的友人是否太热情。此情此景，言语已无法完整表达。

我们因为和隔壁的邻居甘蒂约好，只好依依不舍地跟朱利欧夫妇拥抱道别，互相留下联系方式后，步行前往隔壁的甘蒂家。

等待我们的是祖孙三代的一大家子，孩子们发出欢呼声，让一向不喜欢麻烦人的我有点不好意思。甘蒂曾在小姑的几本书中出现多次，其中《梦里花落知多少》描述了小姑在荷西意外过世后再回到大加那利岛的故居，来迎接她的甘蒂帮小姑打扫好房子，刷干净窗户，还坚持不让她独自留在故居里过第一个夜晚。今天我是带着道谢的任务来的，虽然我一个晚辈的道谢和甘蒂深刻的友情比起来显得微不足道。

我还在楼梯上准备上楼，就看到甘蒂的孙辈们在上面的庭院里喊着“Hola！Hola！”我连忙打招呼并加快了脚步，近乎小跑步地上楼。一上去就见到一头金色中掺点白色短发的甘蒂朝我走来。她给了我一个大拥抱，接着她的子女和孙辈们都带着家人般的温暖，还夹杂着些许羞怯和一一我拥抱。

△ 三毛、荷西、三毛的父母和甘蒂一家人一起用餐

当年在小学当教师的甘蒂常常和小姑隔着一堵墙聊天话家常。那堵墙还在，甘蒂这边的加高了一些，另一边没变，只是人事已不复见。

甘蒂的儿子莫德斯特用流利的英语和我聊起来。

“我小时候常常见你小姑和我母亲在这堵墙的两边聊天，常常聊很久都不进来。你小姑很爱笑，她们就这样站在墙的两边，就是这堵墙。”

他拉我走过去。甘蒂家在比较高的地势，我从这堵墙顺势往下看，看到了小姑家的橘红色屋顶，也就是小姑在《梦里花落知多少》中描述的，带着伤痛回到岛上，第一晚在甘蒂家看到自己家的屋顶瓦片，眼里不敢直视，心里想着屋内的人。

我和莫德斯特倚在墙边继续聊着，正好就在当年甘蒂和小姑聊天的位置。

△△　三毛、甘蒂以及甘蒂的孩子们

△　作者和甘蒂的儿子莫德斯特

“我记得小时候有一次，妈妈和爸爸要去听音乐会，你小姑很好意地来我们家照顾我和妹妹，她跟我们说故事，什么故事我也不记得了。后来，我因为顽皮爬上爬下把头弄伤了，你小姑很紧张地带我们到医院，很内疚的样子，其实调皮的是我，没有听她的话。至今我还很感激她的照顾，她真是一位很善良的女士。”

我也附和着：“小姑的善良总让她身边的人温暖，她的悲哀却常常是不说的，她永远是把阳光洒在别人身上，阴影留给夜晚的自己。”

客厅传来一阵美妙的歌声，是玛卡门女士因为目睹这次两

△　三毛和甘蒂

△　作者和甘蒂

△　左起依次为甘蒂丈夫、小莫德斯特、三毛父亲和荷西

家人的再聚首，一时有感而发唱起了一首她自己为小姑作的歌曲。歌词大致是说小姑是海的女儿，我们怀念她，这片海永远属于她。好美的意境，好美的西班牙友人的欣赏之情。

甘蒂走进房里拿出一本贴满相片的厚重相册。她一一为我展示她和小姑，以及孩子和小姑的合照。

“Echo很喜欢孩子，也想要有自己的孩子。她总是对我们的孩子很好，我们两家不只是邻居，已经成为家人，她的走对两家来说都是很大的失去。”

已是白发苍苍的她眼里泛着泪光，却没让眼泪掉下。多年后再想到逝去的亲人也只有无奈的惆怅，而不再是放声地痛哭流涕，我懂的。

莫德斯特拿出一幅裱好的照片对我说：“Jessica，你看看这是谁？”

我以为是小姑，没想到竟然是爷爷的照片。照片里的爷爷穿着他最喜欢的小牛排褐色外套，非常精神、自信，也很健康。我眼眶湿了，这是一位老父亲搭了十几个小时飞机，来到西班牙后给这家人留下的印象。这张照片真实地拍出了这第一个成就三毛的人，一个温和斯文却给女儿最强大肩膀的父亲，三毛永远的靠山。

“谢谢你们。”此时除了这四个字，我已无言。

这一家人细心呵护着小姑在大加那利岛的记忆，她人生轨迹的一部分。这次不但见到小姑常提到的甘蒂女士，还有她的后代，我感念这一家人的友谊给了小姑这份温情。天上的小姑在微笑，为我们的相遇而欣慰。爷爷奶奶如果在世，也会感谢这家人替他们照顾这个从小让他们心疼的女儿。

虽然这次来岛上是一直以来的心愿，也是一趟迟到的弥补遗憾之旅，但时间上还是很匆忙，只能在有限时间里尽量体会。要和甘蒂一家说再见真不是容易的事，不过一声再见也绝不会是个结束，相信以后我们还会再见面。

离开甘蒂家之后，我们驱车来到了圣胡安教堂。相信很多三毛的读者都见过一张非常有名的照片，照片中小姑穿着白色溜冰鞋，白长袜上面还有个红边，很短的蓝色短裤显得很年轻时髦，后面还有一棵大树。这张照片就是在圣胡安教堂前拍的。当时小姑顶着丧夫之痛，接受朋友的好意尝试新的事物，她是多么努力从悲恸中走出，只是她需要点时间。

玛卡门女士用她柔美的声音解说，语气中带着对自己文化的骄傲。

“这个教堂是十六世纪的哥特式风格，并且和谐地结合了二十世纪的新哥特式建筑风格，教堂前面有个塔楼，是当地人常常来做弥撒的天主教堂之一。”

小姑并不是天主教徒，却很尊重各种宗教信仰。

“小姑是在这教堂的哪个地方学的溜冰？”我急切地想要还原这张照片的现场，忍不住开口询问。

“别急，就在前面呢！”晓秋姐说话了，带着理解的温柔微笑。

“就是这里了。”在教堂靠近街边的大树前，南施姐给出了指示。

我睁大眼睛，看到一个想学溜冰的女人穿着丈夫童年玩伴马诺罗送的溜冰鞋，一次次练习，努力抓住短暂的开心，快门中留下了女孩永恒的笑容，她在那个艰难的时刻也不忍辜负朋友的善意。

小姑回到台湾后，曾跟我和姐姐聊起她学溜冰的事，她说自己并不怕摔，身体的痛已经不可怕。当时年幼的我正学

◁ 三毛在圣胡安教堂前学溜冰

着骑脚踏车，很怕疼，所以并不太明白她的意思。今天我来到原址，闻着西班牙的空气，才有了领悟：溜冰的外伤是为了平复内伤，只有失去过的人才懂。

经过二十分钟车程，我们来到另一个城市拉斯帕尔马斯。在车上我小睡了一下，也缓和一下太沉重的情绪。这是南施姐住的城市，小姑当年常常来这里的银行和政府机关办事。街道上处处是小姑的影子、她当时认识的人、常去的店家，以及跟荷西一起悠闲享受的海景，一切都还在。

“小姑人缘很好，很多人都认识她，她只要来这里都会来找我，来我们餐厅坐坐。”南施姐的脸上充满了回忆。

拉斯帕尔马斯现在是一个北欧人常来的度假城市，南施姐的“金门饭店”位于坎特拉斯海边，沙滩上处处可见专业沙雕师的作品，让我开了眼界。

“这里很少下雨吧，沙雕都不会坏。”我问了个显而易见的问题。

“是呀，所以很多北欧人过来。”晓秋抢答。

这次造访让我在一步一脚印中累积了对小姑异国生活的了解。虽然造访的未必是什么热门景点，但在我心里却别具意义。

“有一次小姑一个人在海边的人行道上走着，有朋友叫她也没听见。此后，我们再看到她也不会主动喊她，也许她在和荷西对话吧，我们给他们一个专属的空间，不打扰。那一年是荷西走后她又回来的第一年。”

我回头看了眼那条海边的人行道，想象着小姑需要多大的勇气才能回来，一个人再走同样的路。

“我终于见到这两支小木棍啦！”

晚餐时我已经饿坏了，拿起筷子开玩笑地说。来到西班牙快一周了，我的中国胃终于可以开工了。

大加那利岛观光局的代表也抽空来参加我们的欢迎宴也是告别宴，我当面感谢了当地政府对三毛足迹的保护和对景点的规划。接着一道道地道的中国菜一一上桌。南施姐的先生强哥是这餐馆的大厨，他忙进忙出地招呼我们这群饿鬼。我完全被他拿手的红烧狮子头和那条大黄鱼征服，小姑也曾在这里找寻家乡的味道吧！美食的功能不只是果腹，还有满满的幸福和情感的连接，异国他乡的中国餐厅更是任务重大。

“你小姑很喜欢海鲜，以前常常有台湾渔船过来，她会去跟他们买鱼，做海鲜给我们吃。”

强哥说起小姑当年做海鲜给餐厅大厨品尝的趣事，我们都笑了，这就是小姑的真诚和不按牌理出牌。

这几年，很多三毛的读者来探访她的足迹，旅途中也受到南施姐的很多帮助。南施姐和小姑间坚固的友谊以及这份付出，在我造访南施姐家后更是确认无误。

南施姐的公寓在离餐馆不远的地方，装饰得非常宽敞舒适。我们被带到一个小客厅里，左边是一面墙的书架，右边是沙发，正面则是一个大阳台。我们并没有立刻坐下，而是不约而同地走向书架。

“你看，这些都是小姑当时送给我的书，当时我还未满二十。荷西走后她回来定居了几年，后来因为你爷爷奶奶年事已高，她决定搬回台湾定居，所以就把很多书都送给我了。这是她的珍藏，现在也是我的珍藏。”

南施姐仔细地一本本介绍小姑送给她的书，有鲁迅，也有张爱玲，当然还有小姑自己的书。

“这是什么？”

我拿起一颗石头问道。小姑喜欢收集石头，但这颗并不像小时候我在她家看到她收集的那些石头的风格。

“这是我画的，送给南施的挚友和南施自己。”强哥回答。

那是一颗画了沙漠和骆驼的彩色石头。强哥铁汉柔情，尊重妻子的友情与回忆，小姑能认识这些好友真是幸运。我也感染到了这些幸运。南施姐给我念了小姑回到台湾后给她写的信，字字道出台北生活的繁杂与对大加那利岛的想念。南施姐把泛黄的信纸收藏在一个厚厚的档案夹里，细心呵护着她和好友的青春。

“这是我收到的最后一封你小姑寄来的信，1990年6月。”她继续念道，“‘现在的我住在一个老公寓里，不与人来往。前年、去年我常在印度、尼泊尔和克什米尔一带旅行。去年我开始回中国……’”

小姑虽然不喜热闹，面对信任的好友却很愿意敞开心扉分享生活点滴，常常一聊就是好几张信纸，南施姐就是这种

▷ 三毛和张南施

挚友之一。

“我的中文写作不太好，收到你小姑的信后，我常常都过好久才提起笔回信。每次展信，她的笑仿佛都浮在纸上，真希望当时我能多花点时间和她笔谈。”

南施姐陪了我们一天，明天一早还要赶飞机去马德里，可她疲累的声音里还是透出对小姑的爱和思念。这份友情并没有天人永隔，反而在一次次对记忆的翻阅中，历久弥新。

离开时，南施姐和强哥送我们下楼。

在一楼大堂，南施姐说：“这里也是我和你小姑最后道别的地方。她说回去后真不知道何时会再见面，没想到那一别，却再也不见。”

我没有回答，那“最后”两字戳中我的泪腺。我转身给南施姐和强哥一个拥抱，这份情就让下一代来延续。

这个属于小姑的岛，岛上有认识她、爱她的人，也有来不及认识她却也爱她的人。每个人都用自己的方式纪念着她，她也用自己舒适的方式，为这些爱她的人留在了这片她热爱的土地。

◁ 作者和张南施翻阅三毛的信件

《稻草人手记·逍遥七岛游 杏花春雨下江南》节选

要来拉芭玛岛之前，每一个人都对我们说，加那利群岛里最绿最美也最肥沃的岛屿就是拉芭玛……这儿水源不断，高山常青，土地肥沃，人，也跟着不同起来。

……

出发总是美丽的，尤其是在一个阳光普照的清晨上路。

三毛

逍遥二岛游：
荷西之忆——帕尔马岛（上）

对我来说，大加那利岛和帕尔马岛像是两个不同个性的女人。前几天造访的大加那利岛热情奔放，海边是规划得很好的度假设施，随时可以开一场盛大的宴会，也经常有各国首领和一些企业集团来这里开会，邮轮船只络绎不绝地往来，显出她地位的重要，真是一个活泼好动的社交型女性。相对于大加那利岛离西班牙本土比较近的位置，帕尔马距离本土则有三小时的飞机航程，她显得沉静内敛，优雅中透露点傲娇，似乎不太在意有多少人来访，只是独自存在着，自由而舒适，真是个神秘而自我的女人。

小姑曾在《逍遥七岛游》里写道："如有一日，能够选择一个终老的故乡，拉芭玛将是我考虑的一个好地方。"如果荷西没有在这里消失，他俩是会在这里定居终老的。而我一踏上这岛，不知道是因为这里是我的终点站，还是因为这个小岛的特殊意义，我总有一种画下句点的惆怅。没想到的是这几天意外地遇到很多人、很多故事，很巧或多或少都和小姑有关。

不期而遇，不用解释，也许，把我带来这里的是她。

这次在机场接我们的是帕尔马岛观光局的塞恩斯先生，他是一位留着全白络腮胡，皮肤黝黑，身材中等，被胡子挡住笑容只好眯起眼睛笑的西班牙圣诞老人。

这天凌晨四点，我们已经从酒店出发赶往大加那利岛机场，班机却延误了两小时。虽然一直和他保持联系，可还是让他久等了，他却依然精神奕奕，没有半点倦容和不高兴。他一见到我们就立刻给了我们一个大大的拥抱，贴面礼时感到他的胡子着实很扎脸。接着，他拉我们到旁边的观光海报前合影，还送上满满的纪念品礼物袋。我们就以轻松的相遇开启了这趟小姑口中的“芭蕉岛”之旅。

我们去帕尔马岛时正值3月底，下飞机时也刚刚雨后放晴。也许是碰巧也许未必，那天正好是小姑3月26日生日的前一天。

▷ 作者和帕尔马岛观光局的塞恩斯先生

"Jessica，你知道吗？我们这里下了好几天雨了，就在你飞机降落时刚刚出现阳光，这是你小姑对你的欢迎仪式吧！"

塞恩斯先生开心地说着。他因为策划"三毛之路"和小姑成为没见过面的好友，逢人就说三毛的好，一副相交多年老友的样子。

道路上还是湿漉漉的，天空却洒下一道道的阳光。

"早该来了，来晚了，这几天要麻烦你啦！"

我回答，心中迫不及待想认识这个和大加那利岛截然不同的"神秘女人"，帕尔马岛。

一辆白色小轿车装满了我们的行李和期待，准备开往第一站——荷西姑丈的墓园。这是"三毛之路"的灵感来源和起点，也是三毛与荷西故事的终点。

墓园位于一个地势比较高的小坡上，风景很好，可以远眺海洋，却很宁静，没有墓园的肃穆，反倒多了沉静的温柔。车子停在墓园正门口，雨又下起来了，还有点大，塞恩斯先生贴心地帮我们准备了伞。

"来来来，我们先来跟圣提先生打声招呼，他正在等你呢！"

塞恩斯先生帮我打着伞，我们一起来到大门口右边的管理员亭。

"Hola，Jessica！"

一位穿着蓝色连身工作服的高大西班牙男子从房屋后面走出来，一个跨步就站在我面前。他的制服上还有一些白油漆，胶底鞋也有点磨损，可见他平常忙着处理墓园里的很多事情。

"Hola，你好，很高兴认识你，我终于来了。"我握着他

▷ 作者和荷西的墓园的管理员圣提先生

的手笑着说。

他有着一双粗壮厚实的手。此前在三毛读者的微信群里听说有些人来整修好的荷西的墓园，因为不确定正确位置，都靠这位管理员圣提先生一一说明指引。

“这位先生就是‘三毛之路’的发起者之一。事情是这样开始的，几年前他发现有很多中国人自己通过各种渠道，查了很多零碎的资料，辛苦地找到这里，询问他荷西墓地的位置。”

塞恩斯先生当起了翻译。这位圣提先生并不会说英语，想想当时很多同胞和他沟通也是很不容易，比手画脚加上翻译器都阻挡不了他们的决心，这片土地上的每个人对三毛都

◁ 作者在墓园的管理员亭中留言

是用尽了心力。

我们进了管理员亭，里面空间很小，也很凌乱。一张小书桌就放在进门的右边，桌上很多西班牙文的文件，一张张纸没章法地躺在桌上。桌面有一块玻璃，下方压着几张名片和小纸片，随意散乱。墙上也很斑驳，应该是很多年留下的痕迹了。左边是一些杂物，还有一个小通道连到后面的储藏室，刚刚圣提先生就是从那儿走出来和我打招呼的。

“请坐，我给你看样东西，这几年就等你们陈家人来，要给你们亲自看看。”

圣提先生让我坐在唯一的一张椅子上，他和塞恩斯先生站在我身边，这让我有些不好意思。

“你看，这是来这里的人给荷西和你小姑的留言。他们和我聊了很多，虽然我也听不懂他们说什么，但我看得出来他们很想念这个叫荷西的西班牙人还有他的妻子三毛。”

圣提先生打开一本很普通的厚厚的长方形笔记本，里面一张张纸都很皱。我随意翻开一张。

“三毛，我们替你来看荷西了，这一路上问了很多人，很喜欢你们的那片海。”

“荷西，三毛，我从三年前看你们的故事，你们让我再次相信爱情。我希望明年能申请到西班牙的交换生，这样我可以常常来看你们。”

“原来荷西在这里，三毛应该也在吧！想你们。”

还有一些西班牙文的留言，说是荷西和小姑的故友留的，写下了对他们的思念和不舍。我看得入迷，很想一一阅读，仔细体会文字中的情感，当然如果能做什么更好。

塞恩斯先生催我们进去看荷西之墓，那里也是观光局细心规划的一站。我和圣提先生合影后道别。

“谢谢你的细心，谢谢你看到那么多华人来找一位西班牙人的墓地，而开始对三毛这位东方女子好奇。在你和塞恩斯先生的大力促成下，才有了今天的‘三毛之路’。这一切都是一点一滴慢慢累积的成果，我们陈家人真心感谢。”

我又抓起他粗糙的大手说道。他有些憨厚地傻笑。雨停了，施舍我们一丝阳光，与此同时，我走进了荷西的墓园。

因为住在温哥华，我也去过一些西方人的墓地。西方墓地的特色是颜色很丰富，有的甚至还有孩童专区，放了很多玩具和游乐设施，一点也不在意制造欢乐的气氛会对逝者不敬。荷西的墓园的设计也是，一进大门并没有让人害怕的感觉，反倒像来到一个花园，走道两边的石墓上放着五颜六色的花，石子路上非常干净，刚刚被雨洗过也不滑。我们在一个长方形的水槽边停下。水槽位于一排排石碑间，任谁都看得出它的存在有着特殊意义。

塞恩斯先生说："这个水槽特别设计在阳光照得到的地方，阳光照在水面上，刚好可以折射到旁边荷西的墓碑上，给了他阳光和温暖。"

我难掩心里对这个巧思的欣赏说道："真是太有心了，这样荷西姑丈就不怕下雨和寒冷了。"

思绪还没从刚刚那个精致的设计中出来，我一转身过了个拐角，已经来到荷西姑丈的面前。小姑的挚爱，从小听到大的这位男孩，我们终于见面了。

那是一个在转角的墓碑，比旁边的大很多，也高很多，采光不错，有着荷西乐天大男孩的风格。白色的石墙围绕着石碑，上半部分是一个小花坛，内凹的三角形设计非常别致，墓上堆满了鲜花，在白色底色的衬托下也很鲜明。下半部分则分为两边，左边是一个玻璃柜子，里面放满了写上字的石头、粉红色花瓣和一张荷西与三毛的黑白合照，照片下方写着：JOSÉ MARÍA QUERO RUÍZ 9 OCTUBRE 1951—30 SEPTIEMBRE 1979[1]。玻璃柜旁边还有一束鲜花，刚刚圣提先生提到这是早上才有人来献上的，上面还有未干的雨水或者是泪水。玻璃柜右边是另一块淡米黄色的石碑，上面刻着深灰色的字：José María Quero Ruíz（1951–1979），下面还有

1　西班牙文，意为荷西·马利安·葛罗 1951年10月9日–1979年9月30日。

一个螺状的贝壳雕刻。

我好奇地问：“这个贝壳有什么寓意吗？”

塞恩斯先生说：“是的，我们的祖先在危急时用这种贝壳呼喊人来帮忙。我们在这里放这个贝壳，象征着荷西从海底呼唤三毛，表达爱意。”

设计师把当地文化与这段爱情故事用惆怅一针一线地缝合，让他们又一次完美地结合在了一起。可能因为身处欧洲，这里的氛围让我不禁想到希腊神话中众神在海岸边吹着海螺唱歌的画面，神秘而优雅。

“这些都是来看荷西的人手写的石头。你小姑喜欢收集石头，所以我们做了这个设计，让喜欢他们的人可以把想说的话写下来，告诉他们。你也来写颗石头吧！”

塞恩斯先生说着不知从哪儿拿起一颗石头交给我，还递上一支签字笔，好像早就准备好的。一时间我真不知道怎么说出心中的千言万语以及还来不及消化的心绪。

“小姑&荷西姑丈，愿您们永远与我们同在。Love！天慈，2019年3月25日。”

我写下了一句话，一颗小小石头不足以表达，相信小姑他们会了解的。塞恩斯先生开了锁，让我弯下腰打开玻璃柜，亲手把那块石头放进去，算是给这位素未谋面的姑丈一份见面礼，同时也在小姑的生日前夕给她一个纪念。

回到车上，天空出现一小道彩虹，好像一对爱人满足的微笑，伴着我们前往市区。希望常常默默地出现，当你不再纠结眼前的难处，愿意抬头仰望天空，才会发现那稍纵即逝的存在。

市区街道很小，不是单行道但只够过一辆车，交位时只

◁ 作者和塞恩斯先生在荷西墓前

◁ 荷西之墓

能互相礼让，各凭本事。每条街几乎都是石子路，车子不好走，典型的欧洲小镇风格。

◁△

作者于墓前在石头上写下纪念文字祭奠三毛和荷西

“下来走走吧！”塞恩斯先生提出建议。

我们下了车，穿起外套，用脚体会小姑逍遥七岛游时接地气的乐趣。

“Hola！”

脚刚落地，一声亲切的问候打破四周安静的空气。一位穿着浅褐色小牛皮外套和牛仔裤，戴着黑框眼镜的年轻男子从一间屋子里出来，大老远叫着塞恩斯先生。他们用西班牙语交谈了几句，我在旁边正好看看这里的木质建筑。敞开的大门可以清楚看到屋内是一大块宽敞的空间，靠墙有很多小书架，这不像是一般住家，应该是这个社区的活动中心之类的地方。后来也在塞恩斯先生那里得到证实，这是一个平常供当地居民聚会聊天的场所。

“太巧了，这位是小胜，你知道吗？他就是初期帮助我们收集三毛资料的人。他不断和荷西家人联系，花了很多时间请人翻译，完整地把三毛的生平整理出来，给我们‘三毛之路’规划小组的人员参照。”

塞恩斯先生开心地和我介绍这位偶遇的幕后第二功臣。我一边惊喜于这次的相遇，一边跟这位小胜先生握手。

“你好，非常感谢，真的是太感激了。”

我从心底尊敬他。一位远在西班牙小岛的年轻人，为了一位陌生的华人女子的故事，花了快一年的时间做资料收集，然后慢慢爱上这个传奇女子。他的用心把三毛和荷西再次带回这个他们曾经想定居的地方。

“很多资料是中文的，我们看不懂，找了岛上孔子学院的人帮忙，一字一句慢慢了解、串连。我很喜欢你小姑，她是个勇敢的女子，我们帕尔马很荣幸能推广她的事迹和有趣

▷ 塞恩斯先生为作者介绍小胜

故事，这是一段应该被保存下来的文化足迹。”

他说话时嘴巴张得很大，句句带着大大的微笑，露出整排牙齿，是一般人很难拥有的天生乐观，喜欢三毛的人都很有才。

然而，万万没想到他并不是我遇见的唯一帮助过小姑的人，一路上更多的不期而遇还在等着我。

我们继续往前走。塞恩斯先生走在前面，他走路很快，加上我们一大早起床赶飞机，而且昨晚回到酒店也已是半夜，所以有些跟不上他的脚步，但心里却感受到他的雀跃。他小跑步着上了一段楼梯，那是一座像中国鼓楼般的欧式楼房，很多城市都有一座这样的建筑。我们跟着他上楼，心里带着疑问却也没多问，旅程中本该充满惊喜和未知。

“这里是看全城风景最好的地方。”塞恩斯先生说。

“这风景不错呀，就是风有点大。”我回答，头发已被

◁ 喂鸽子的荷西

吹乱。

楼顶是一块白色石砖地的宽敞空地，其实这座建筑并不算高，可能因为这里本身地势就高的缘故，我们可以看到远处的教堂。

“那个教堂的门口就是荷西喂鸽子的地方，记得那张照片吗？”塞恩斯先生指向前方一个不算大的教堂说道。

我其实也为有这帅气善良的姑丈感到骄傲。

“当然记得呀，荷西姑丈穿着黄色毛衣和白色裤子，开心地喂着鸽子，非常帅气。就是那个教堂呀？！”

从上方看下去的教堂，虽小却很热闹。一群刚下课的西班牙孩子有着嫩红色的皮肤，身上还穿着白衬衫加绿色裙子或短裤的制服，他们把书包扔在台阶上，在教堂前的庭院里嬉闹起来，有的玩球，有的踢毽子，跑来跑去，给这个宁静的小镇添了几分甜蜜，可是没看到荷西照片中的那群鸽子。

我还在享受风吹拂过脸的清醒，突然塞恩斯先生又被一个男人叫住了，这镇上认识他的人还真多。

“午安，天气很好呀，昨天的雨都被风吹走了。”那人说道。

西方人打招呼就是喜欢谈天气，不像我们华人总爱关心别人吃饭没。眼前是一个极有品位的男人，蓄着金色的胡子，戴着灰绿色的鸭舌帽，也穿了一件浅褐色的外套加牛仔裤，里面搭了一件灰色的带帽运动衫，休闲而合身的打扮很有艺术家的范儿。

“你好，马丁。太巧了，应该说又太巧了。你知道这是谁吗？她是三毛的侄女，从加拿大来的，特地来看我们的‘三毛之路’。”塞恩斯先生加快语速，难掩兴奋。

“真的？”那位马丁先生瞪大眼看着我，“你好，我是‘三毛之路’的摄影师，负责拍照片和视频。”

“哇！那些塞恩斯先生发来的美丽的照片和视频就是你拍的呀？太美了，完全拍出一种三毛的洒脱风格，结合帕尔马岛的山和水更是别有格调。非常感谢你的付出，真有天分。”

我连忙和他握手，亲了左右脸颊。这位摄影师身上还有淡淡的古龙水味道，很像小姑喜欢的Tea Ross香水。每一位小姑的恩人事无大小、各司其职地帮助完成这个项目，每个人都是带着欣赏之情和带着愉悦的心，心甘情愿地在贡献所长，然后命运安排他们今天一一出现在我面前，好让小姑借着我的口亲自道谢。

在前往小镇观光街道的途中，我从背包里拿出了饼干和面包。不再年轻，要避免血糖低，只好不顾吃相，很快地吃完抹干净嘴角，以免被人笑话。偷吃完，我立刻跟上队伍，一个人走得很快的塞恩斯先生穿过一些修路的路障，并没有发现我在后面已经填饱了肚子。

“Jessica，来这里，我给你介绍一个朋友。”

他大喊着，我真为他的好体力感到骄傲，而且还是在没有吃饭的情况下。

“来了，大哥，我来了。”

经过半天相处，我已经开始喊他大哥。

“这是我们法院的警卫人员佛莱多。你知道谷歌地图吧？他帮助我们把‘三毛之路’放在了谷歌地图上，这样很多旅客就能根据地图找到我们，是不是很棒呀？”

塞恩斯介绍着他的朋友，并把手搭在他肩上，应该是感情很好的兄弟俩。

佛莱多又是一个高大的西班牙人，他穿着浅蓝色的法院警卫制服，头发不是很多，胡子刮得很干净，站在他旁边很有安全感。

“你好，佛莱多。真是感谢你，小姑要是知道她上了导航地图一定好高兴。她最喜欢尝试新事物，你给了她在地图上露脸的机会。”

我发现自己来到这地方说得最多的就是感谢再感谢。佛莱多所做的一切让这个文旅项目推进了很重要的一步，没有他，人们很难找到当地政府细心规划的“三毛之路”。佛莱多不只守护了当地法院，也守护了“三毛之路”。

我们继续走在观光一条街上，两边很多高矮差不多的白色、红色和土黄色建筑，大部分都是一楼卖纪念品或糕饼，二楼是住家，常常也有人从窗户里探出头往下看，和楼下路

▷ 作者和『三毛之路』的摄影师马丁

▷ 作者和法院警卫佛莱多（中）、纪录片导演王杨（右）

过的人吼着聊天嘻笑。处处透露出一种自然的平凡，不求繁华多变，只求简单的快乐。你说不出这里有什么举世无双的特色，却在一步一脚印中吸引你的灵魂，难怪小姑和荷西姑丈当时选定在这里定居，它的宁静给了小姑每天早晨起来的陪伴和夜晚入睡前的安稳怀抱。

想起曾听小姑说过一个比台北安静一万倍的西班牙小镇，靠近海边，那里的人很朴实，很多人都认识她这位亚裔女子，现在想想应该说的就是这里了。走在街上随时都能碰到朋友，街头巷尾都有可能听到有人喊你的名字。

小姑从这里带了一件在海边穿的衣服回台北的家。那是一件米白色无袖洋装，很轻很舒服的材质，有着红黄相间的花色，没有束腰，裙摆自然垂下。有一次我在小姑的衣柜里玩耍，看到过这件看起来像是度假时穿的衣服。我特别喜欢偷偷闻一闻衣服上阳光和海洋的气味，幻想和小姑一起来到这个海边，任性地把自己晒得红红的。小姑每次看到这一幕，总要大笑，笑我天真地分享她的回忆，却从没经过她同意。有一次我们去小姑在台北近郊翡翠湾的海边小别墅玩，我刻意提醒小姑要带上她的这件度假战衣，她还是没有带。现在站在这片土地上的我才恍然大悟，也许她舍不得让另一片海掩盖了帕尔马岛海边的气味和回忆。

“Jessica，现在我们去你小姑的家，也就是你今晚要住的地方，给你留了你小姑住过的房间。”

塞恩斯先生忍不住剧透这次的贴心策划，还冲我眨了一下眼睛，难掩胡子下的笑意。我虽然惊喜这个安排，但一上车还是没忍住疲倦，立刻就睡着了，都怪这里的悠闲气氛太适合幸福地慢生活。小姑选的家，让我沉醉其中。

《温柔的夜·书信(加纳利·台湾)》节选

一九七六年十月二十日

爹爹，姆妈：

首先报告你们好消息，荷西有工作了，今日送他去机场，已去上工，如果一切没有变化，那么今日开始上工，在另外一个岛上，做海底电缆的装配，有五万四千一个月，就是九百美金一个月。这个岛很荒凉，在我们Las Palmas岛的上方，他去的地方更荒凉，所以我留下来，他独自去……

妹妹上

三毛

逍遥二岛游：
荷西之忆——帕尔马岛（下）

1979年6月，小姑和荷西决定搬到帕尔马岛是因为当时荷西在这里找到一份工作，负责在海里清理和维修一个海底工程，至于具体是什么工程就没有人清楚了。他们来到这个美丽又神秘的小岛后，立刻爱上了这里，深深被这片海和热情的人们吸引。

我在睡梦中抵达了小姑和荷西搬迁至帕尔马岛时落脚的小公寓——罗卡马尔公寓。这是一个位于海边的老公寓，并不特殊的水泥色建筑，也不是什么高楼大厦，就静静地站在海边。大老远就能看到这间公寓侧面的壁画，画里是一个美丽的望海女人，还大大地写着公寓名称。屋主应该很爱这片海，这公寓就像岸上的灯塔，守护不停想上岸的浪花，也看着迟归的海员。

公寓门前的道路并不宽，车流量也不大，大部分都是行人闲散地漫步于公寓和海岸之间。我在公寓大门口下了车，人还有些迷蒙，分不清是梦里小姑的家，还是她在异乡真实的栖息地。

▷ 罗卡马尔公寓前的海景

"就是这里，这里是你小姑当时和荷西一起租的公寓，他们在这里住了三个月，直到荷西离世。"

塞恩斯先生沉稳的声音透露出他提到荷西离世时的谨慎。虽然我并不多心，但也感谢他的细心。

我们走进了公寓一楼的楼梯间，空间不大，灯光也不是很亮，里面异常的安静，没有一般酒店大堂的喧闹。我们走了几段阶梯来到二楼，楼梯口是一张小小的木头书桌，桌上放了很多英文和西班牙文的旅游书，介绍当地的旅游资讯，还有久违了的纸质地图。右边是个小小的电梯，靠电梯口的房间门是开着的，我瞥见里面有一家的西班牙人，他们也朝门口望向我们这些黄皮肤的访客。

我们跟着塞恩斯先生往左边走进去，经过长廊，来到一个有着橘色玻璃墙的房间，应该是所谓的前台，负责登记入住的地方。塞恩斯先生一手把滑动式的门往左边拉开，并用

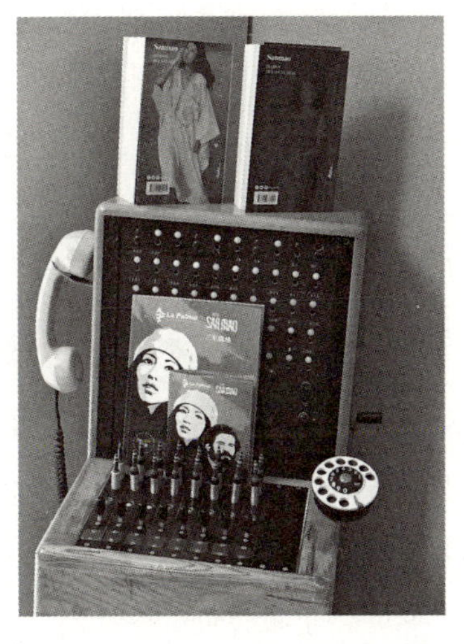

◁ 公寓前台的摆设

西班牙语对着坐在前台的那位大约十八九岁的男孩大声说了几句。我听到“三毛”两个字，那男孩露出微笑朝我这儿看了一眼，又有些不好意思被我发现他的目光。

我又朝房里看去，这是一个暖色系的房间，墙是橘色的，设计很有拉丁风格的。男孩的桌子在一进门的左边，右边有一个复古的电报机，上面放了两本书，一本黄色，一本紫色，分别用西班牙文写着*Diarios Del Sahara*和*Diarios Del Las Canarias*。两张三毛的相片对着门口，下面的键盘上放着两本“三毛之路”的官方文宣品，封面上也有三毛和荷西朝着天仰望的画像。四本书整齐地陈列着，应该是欢迎华人同胞的善意。这两本小姑的书被翻译成她第二家乡的语言——西班牙语和加那利群岛的方言，第一本讲述撒哈拉的故事，第二本讲述加那利岛的生活，两本书都颇受当地读者喜欢。这里的整体摆设让我想到2000年初和几个同学到加拿大东部旅游，住在背包客常住的青年旅社，也是这种简朴又轻松的调调。

“你好！”我主动和男孩打招呼，以化解我假装不知道他偷看我的尴尬。

“你好你好，刚刚听说了你是三毛的家人，很高兴见到你。”他腼腆地回答。

“是的，我父亲是她的大弟弟。”

我了解他的疑虑，很多人都问过我和三毛的关系，现在我通常会主动说明。我们握了手，他也顺势给了我钥匙，上头写着“306”，我的幸运数字恰好是3和6。

“这是你小姑的房间。就是这间房，他们住了三个月。”塞恩斯先生满意地笑看着我。

那是一间在三楼最里面，面朝大海的三卧室房，空间非常宽敞，家具很简约。一进门是客厅和一大面敞开的落地窗，红色的薄窗帘迎风飞扬，外面有个小阳台，放了一张户外椅。海浪“呼呼”地使劲拍打沙滩，非常大声，好像生怕我们忽略它的存在，海无处不在，小姑也是。当年她是不是也坐在这阳台上看书、看海，每天等待丈夫回家？是不是整个房间里只有有恃无恐的海浪声、她小心翼翼翻书的声音和她焦急的心跳声？

进门右边是一间不算大的厨房，里面厨具齐全。左边是走道，往里有三个卧室，主卧在第二间。

“这是小姑和荷西住的房间吗？”我问塞恩斯先生。

“是的，但是床和家具更换过。”他回答。

房间里放着一张不算大的双人床，墙边有个木衣柜，对着门的是一面开着的窗，还是以海做背景。而我今晚将在这

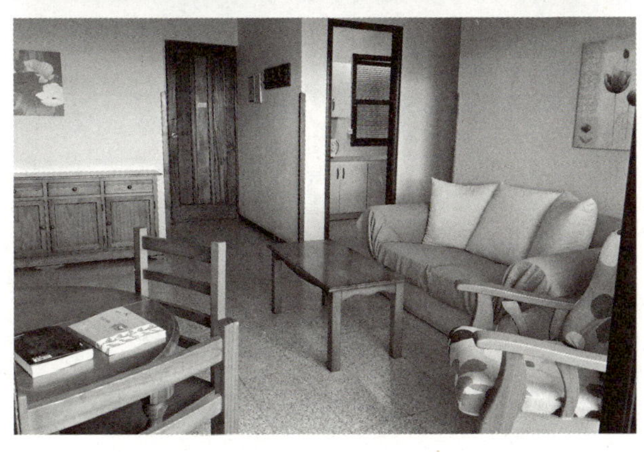

◁◁◁ 三毛和荷西租住过的公寓房间

个房间里和小姑梦中相会，聊聊她的帕尔马岛。

夜晚来临之前，我们还有几个地方要去。放下行李，我们再次启程，和小姑的私聊约定只好再等等，但是肚子真不能等了。

下午两点，我们终于来到了一家“三毛之路”上的景点餐厅——盒子酒吧。这是一家在海边的餐厅，面积不大，很明亮。我还没有踏进门，就听到齐豫姐姐熟悉而清亮的声音：“不要问我从哪里来，我的故乡在远方，为什么流浪，流浪远方，流——浪。”我本以为是谁的手机中放的音乐，一探头才知道是老板特地为我们的到来而放的歌曲。

老板是一位清瘦的帅哥，名叫莫哈门。他似乎早就和塞恩斯先生安排好一切，在我半只脚踏进门前一秒不差地播放了音乐。站在吧台后的他豪迈地微笑着和我们打了招呼，好似终于等到久违的故友。他让我们坐在门口的位置，我一眼看到墙上有打印出来的小姑的照片。墙上的电视播放着《橄榄树》的音乐录影带，还附上了歌词，我们忍不住轻轻地跟着唱起来。

“这是你小姑以前常来的餐厅，她会在这里用餐，和餐厅老板聊天。”塞恩斯先生说道。

“这位老板很年轻呀。”我看这位年轻人怎么算都不会是当时的老板。

“当时的老板是莫哈门的岳父。”塞恩斯先生看出我的疑惑，立即解答了我的疑问。

“来，尝尝。”莫哈门递上了一盘鱿鱼说道，“这道菜叫作‘三毛鱿鱼’，你小姑喜欢吃的鱿鱼。”

△　作者和盒子酒吧老板莫哈门
◁　盒子酒吧一隅

他的五官深邃，留着一点深色的胡子，配上深褐色的头发，显得非常有男人味。盘子里是四片像葱油饼的东西，盘子边上用蛋黄酱写着"San Mao"，还画了一个爱心。我虽然很饿，但还是很不舍得吃它。小姑爱的鱿鱼，她常来的角落，这里有她要的舒适和自在，还有她期盼回家的男人。

"你好，塞恩斯！"

一位打着领结，穿着正经的男子带着微笑出现在餐厅。他头发全白，鼻梁上戴着跟他的脸比起来显得很小的眼镜，深灰色的毛背心里是红条纹的衬衫，下面配上黑色牛仔裤。

"你是三毛的侄女？你好，我是法兰斯克。我小时候认识三毛。"

他马上走过来和我握手，开口第一句就认证和小姑的友情。我赶紧站起来。

"你好，你是小时候见过我小姑吗？在这个餐厅？"我也

△△ 作者和法兰克斯

迫不及待地问起他们相遇的经过。

“不是的，在对面城堡的门前，一棵树下。”他指着对街的一个小城堡和一扇拱门继续说道，“每天下午她都坐在城堡右侧的那棵树下看书，不太和人说话，就是等荷西下班。我父亲当时负责管理那个城堡，所以我小时候常在那里玩，总是看到一位东方女子坐在那儿，慢慢地从好奇到习惯。你小姑不喜欢被打扰，我们也只是点头问候。”

他说话时英语夹杂着一点西班牙语，还总是手舞足蹈，偶尔缩一下脖子、抿一下嘴，我喜欢他的喜感和可爱的表情。我请他带我去看看对面那棵树，接着为了离小姑更近，我们决定把桌椅餐具还有那盘“三毛鱿鱼”七手八脚地搬过马路，放在那棵树下，硬是在树下野餐起来。小姑的树，那棵树天天在她背后守护她的喜怒哀乐，做她的依靠。

直到荷西走后，小姑再回来望向这片海说道：“这片海没有你了。”而这棵大树仍然像父亲一样承受着女儿的悲哀，默默吸收她的喜怒哀乐，也见证着静静在旁观察的镇民，很多偷偷留下的记忆，以及跟随她足迹而来的我们。

用完午餐，我们来到一个叫作圣克鲁斯岛博物馆的地方。这是一个介绍岛上鸟类历史的博物馆，当时正在进行帕尔马岛525周年的特殊展览。

“这个博物馆里有一个三毛的展示厅，表达了我们对你小姑的想念和赞许她对文化交流的贡献。”我们称职的观光局导游塞恩斯先生不等我问起便主动说明。

这是一个布局很像中国四合院的建筑，四周有白色的矮建筑，中间就是空荡荡的广场，整体设计很直截了当，却别有气势。

我在一个转角看到了熟悉的面孔，一张从天花板到地板大小的小姑海报。她发亮的黑色长发直直垂下，眼神坚定而温柔，并没有大大的笑容，非常淡定沉稳，仿佛静静地等着所有来看她的人。

“我的小姑太了不起了，在这个异国他乡，政府为她建了展示厅。”我很是骄傲地说。

△ 圣克鲁斯岛博物馆里的三毛展示厅

好不容易，从小姑的眼神中移开，我才看到整个展示厅是很东方的红色系，三面的墙都是红色的却不突兀，也不太显艳丽。左边的墙上是三张小姑的生平简介，深色字体的西班牙文和中文印在泛黄的纸上，有种肃穆的文艺气息。

第一张是小姑的照片，还是我们在大加那利岛上的三毛公园里看到过的小姑头发飘逸的那一张，下方写着：西班牙的中国作家。中间那张是荷西在我们下午看到的教堂前喂鸽子的照片，下方写着：三毛和荷西在帕尔马岛。另一张是帕尔马岛的照片和简介，写的是：三毛及荷西在书中的帕尔马岛。三幅简介完整介绍了三毛、荷西与帕尔马岛的缘分。

右边靠墙有一个玻璃柜，玻璃上印着小姑的文字，中文、英文，当然还有西班牙文，讲述了小姑和荷西来到帕尔马岛的感受，下面是小姑喜欢收集的石头，一一挨着躺在玻璃柜里。

“我感到小姑在看着我们呢！好像有什么话想说。”当我和小姑四目相交，我忍不住说出心里的想法。

“她可能是在说你终于来了，她想你们家人了。”大胡子的塞恩斯先生其实有着柔软的心，总是能说出我的遗憾。

我有些不敢直视小姑的眼睛，那双充满历练和故事的深邃眼睛。我的童年从她的眼里读世界，现在我身体力行她的心愿，千山万水来到这里，好好看看这个她爱的岛。

“你好，我叫曼纽尔，帕尔马岛等你很久了，我们终于见面了。”

一位西班牙男人朝我走来。他穿着蓝色的带长袖带帽衫，配上深灰色裤子，头发不是太多，是一位很亲切的人。

“你好，您是这展览的策划人吗？”我迎上去询问。

“我有参与一部分，事实上上个月塞恩斯先生寄给你的一本关于你小姑的书，就是我写的。目前只有西班牙文，很快我们会找人翻译成中文，到时候再给你寄过去。”曼纽尔带着浅浅的笑意说起。

“是那本书呀！我收到了，虽然看不懂西班牙文，但我也翻了一下，看起来不错，书上有很多珍贵的照片。谢谢你认真地写作，我完全了解你为此花了很多时间。”

我真心佩服，曼纽尔先生则腼腆地笑了，真是一个有点害羞且不善言辞的文字创作者。我们又聊了这项目的推广方案，然后拥抱着互相道谢。他已经是我今天遇到的第六位参与“三毛之路”的西班牙友人，还有那些没遇到的朋友，我

▷ 作者和曼纽尔先生

都要一一认识，再好好致谢。

接下来的一站，我知道会是一个终点中的终点，对这次旅程和荷西的人生来说都是最终站了——荷西之忆，也就是荷西消失的海。

小姑在《逍遥七岛游》里说过这里是“芭蕉之岛”，当时透过文字我的想象是到处有小贩在街上卖芭蕉，或者是芭蕉特别便宜，还是有特殊的芭蕉制成品。没想到却是我在去终点的路上处处可见芭蕉的原型在路边向我招手。我们打开车窗，闻闻这一整片的芭蕉园，味道并不浓，只闻到淡雅的惬意。这几年我的每次旅行都被出差的成分打扰，甚少有单纯的度假性质。这股度假的气味我只能暂时收藏，希望以后来这个美丽的岛待上一整个月，穿着短裤、拖鞋在街上随意乱晃，像小姑一样在树下看书、写作，在石头上作画。

西班牙最近几年成为华人到欧洲最喜欢的目的地前三名。很多华人对西班牙的了解是因为三毛，很多西班牙人认识中国文化也是因为三毛。这层关系温柔地把两国人民连接

△　“三毛与荷西的文学观景台”路标

△　石凳上仿照荷西失事时穿着的蛙鞋制成的铁蛙鞋

△ “荷西之忆”里的雕塑

◁ 雕塑下的青砖上刻着三毛的诗歌

在一起，彼此愿意认识，再互相了解，甚至有位西班牙友人很得意地给我看手上“三毛”中文字样的文身。

“看，那里有个中文牌子，写着三毛。”我大叫。

“哈哈，你看到了吧！”塞恩斯先生得意地点点头。

那是一个立在路边，很醒目的巨大蓝色路标，上面有一个老式相机的图案，写着两行西班牙文，下方是熟悉的中文：三毛与荷西的文学观景台。这个地标标示了荷西消失的那片海，也就是在“三毛之路”项目里被称为“荷西之忆”的海边纪念公园。

我兴奋地要求：“停车好吗？我要在这里拍张照片呀！”

不懂英语的司机大哥不知怎么居然听懂了我说的话，立刻把车停在路边。

我很快打开车门往前跑，抓着塞恩斯先生说：“快，帮我拍一张，西班牙的中文路标。”

他为我的孩子气感到好笑，帮我多拍了几张。我就像其他华人观光客一样在这里打卡，也给小姑的地标落个脚印。

一转弯，经过一个灯塔，我们就来到了终点。车停在一个较高的广场，往下走就是那片我这辈子看过的浪最高的海岸——心里的巨浪让我很是忐忑。

“荷西之忆”在靠近停车场右边的位置，那里有当地设计师胡安·阿尔贝托·费尔南德斯以三毛和荷西的爱情故事为灵感设计的艺术雕像。中间是三根下粗上细的半弯曲铁柱，它们在空中交汇，象征三毛。地上有八只石头鸟，代表小姑喜欢收集石头的爱好，也是小姑喜欢自由的心，同时象征一群孩子陪伴着孤单的她。

三根铁柱的对面是一把石椅，椅子右侧有一个铁做的蛙鞋和蛙镜。

“这是我们依照当时荷西出事时穿的蛙鞋和蛙镜的大小，以实物拓出的模子制作出来的，你可以看到上面的磨损痕迹都是仿真的。”塞恩斯先生说。

我没出声，一个人在椅子上坐下，抚摸这蛙鞋。想起前几天在马德里见的荷西家人，还有当时被取下这蛙鞋和蛙镜的荷西姑丈，以及早已泣不成声的小姑。

“对面的海就是荷西出事的地方是吗？”坐了几分钟，我轻声问塞恩斯先生。

“是的，就是那个方向。三根铁柱的三毛，望着荷西的海。”塞恩斯先生避开我的眼神回答。

1979年中秋节，爷爷奶奶到访并和小姑一起去英国时，留在岛上的荷西却独自去了另一个世界。小姑在《梦里花落知多少》写下了泪流成血的告别：“埋下去的，是你，也是我。走了的，是我们。”

西班牙政府建的纪念公园让他们在这里重逢，从此幸福地在一起。此时此刻我说不出话，只想静静地看着海浪以胜利者般的姿势狠狠地拍打着岸边。我不禁想问这海浪，是否为那次的任性感到后悔？

我带着淡淡的忧伤回到小姑和荷西居住过的公寓。刚到前台，一个成熟男子的声音突然出现。

“你好，Jessica。我是荷西。”

我惊讶地转头，一位中年男子穿着黑色皮外套、粉红衬衫和牛仔裤，站在我面前微笑。

“他是这间公寓的老板，你小姑在这儿住时很喜欢年幼的他，常常给他糖吃，还一起闲聊。”塞恩斯先生连忙介绍我们认识。

“你也叫荷西。你好，你好。”

刚从“荷西之忆”回来的我一时不能相信。我们握着彼此的手，我为他替我们留出小姑当年住过的房间，以及年幼的他给小姑的温情向他道谢。能和他见面我万分欣喜，这又是一次小姑安排的遇见。

那年的那天小姑一个人在家，荷西姑丈还是在忙着海里的工作。这位当年的小荷西，现在的公寓负责人，和一群孩子在公寓大堂里嬉闹。正准备去邮局的小姑一下楼就被这群孩子团团围住。

“你昨天给他糖吃，我们也要，也要糖。”

几个孩子不肯放过小姑，小姑也沉浸在被孩子包围的快乐中。

“好好好，我这就去买。”

小姑好不容易脱身，在外晃荡一下午后，傍晚才回到公寓。

“你的小伙伴呢？不是要我给糖吗？不记得了？我可没忘呀！”小姑对小荷西说道，伸手到背包里拿下午特地去买的糖果。

“他们回家了，这里是我家。”小荷西回答。

“你去哪里玩啦？那么晚回来？”他问起小姑，像大荷西

◁ 作者和小荷西

一样的口吻。

“我去邮局给家人寄信。你看，他们给我寄的信。”小姑得意地和小荷西分享收到家书的喜悦。

“好漂亮的邮票，可以给我吗？”

小荷西用天真的眼神看着这位东方女子，谁会忍心拒绝他的请求。这个西班牙小男孩，长大后是不是也会是个爱海的阳光男孩？有一天你会碰到你的三毛，她会陪你看海，你们会有自己的家庭，可能也会去撒哈拉沙漠。小荷西拿了邮票，开心地跑上楼，头也不回，完全不知道这个女人深爱着一个也叫荷西的男人。小姑回到房里，继续等着大荷西回家吃晚饭。

那晚，海浪还是毫不客气地大呼小叫，我却睡得很好，好像被小姑环抱着、祝福着。我没有神奇地梦见小姑，却在阳光中自然苏醒，那是如同荷西姑丈般温暖的阳光。我想小姑和荷西姑丈并不希望我们担心远方的他们，他们希望我们借着“三毛之路”，延续他们给西班牙的爱和对中西文化的尊重，天涯海角的这份亲情已化成心底的使命感和安全感。想念是对他们的情，实践是脚下的路，他们和我一路同行。

吃完早餐，塞恩斯先生来送我们去机场，路上他又给了我一个惊喜。车停在了一个邮局门口。

“当时你爷爷奶奶陪小姑回来处理荷西后事时，因为不想麻烦已经悲痛欲绝的女儿，两位老人家自己摸索着从公寓走到了这个邮局。这里也是你小姑平常寄信的地方。”

他的话没有过多形容词，我心里却有很多不舍。帕尔马岛是这次旅程的终点，也是故事的开端。多少人因为三毛与荷西而来，他们的故事，他们的人生，像芭蕉叶一样摇曳起舞，像海浪一样勇往直前，最终都将是这个小岛的另一篇章。

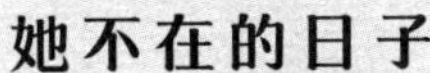

她不在的日子

《亲爱的三毛·写作不难》

写作，便如建筑，结构是一个部分，建材是另一部分，外观又是一个部分，缺一不可。这也就是肌理、文理和神理三个写作的基本要素，而这其中，都是生命。

……

你的年轻和兴趣，就是写作最大的本钱，很可惜我们只是纸上笔谈，无法交换更多的心得。谢谢你的来信。

三毛上

文青养成记

“我看你小姑的书是在高中的时候，班上同学传阅的。”

“我第一次看了《撒哈拉的故事》之后，就用了所有零用钱买了所有她的书。”

“长大后我开始走遍世界，追求自我，都是受了你小姑的影响。”

这些都是好多好多三毛的读者发来的信息，或者是当面握着我的手说的话。我知道小姑的人生影响了很多人，也很确定这个影响会一直持续下去。我的一位好友饶雪漫，就是一个很好的例子，她“唯二”的偶像就是三毛和齐秦，她用生命来实现她对偶像的爱，用她的才华把偶像的影响力再延续拓展。

2018年10月，我去了一趟洛杉矶。回来几天了，不情愿地回到现实生活，赶着工作和一堆眼前必须完成的苟且。感恩节过后的温哥华天气转冷，我赶着出门忘了加衣有些后悔。我开着车，睡眼惺忪地一眼望向远方，北温哥华的雪山

▷ 作者和饶雪漫

也快进入滑雪季了，一年四季总是毫不留情地往前冲。人在工作的路上，心里还想着那次惺惺相惜的遇见。

“山上有人住吗？”

一个随意又慵懒的声音突然在耳边出现，还带着标准的北京腔，虽然她不是北京人。

她是一个求学时上地理课不小心碰到体育老师代课的可怜人，温哥华到洛杉矶两个半小时的航程，她硬生生以为我飞了一整天，穿越半个地球来看她，还乱感动了一把，我也就听听不说破。

飞机一落地，我打开微信，兴奋地叫了一声“我到了！”一路走到行李传送带处，等着她的欢迎词或至少关心几句是否顺利。谁知等来的却是一句“你会不会装打印机？”就这样，一周的奇妙旅程就在这第一个任务中莫名其妙地展开。

每次听人说什么上辈子下辈子注定的缘分或是前世今生转世的说法，我一概不信，也没特别体会，觉得可能就是很多巧合或是相处久了的默契吧！我有个双胞胎姐姐，“你们会不会有心灵感应”这种问题已经被问过不下几千次，在我看来也就是一家人的习惯相近，自然形成，没什么特别，也不太喜欢一直被问。

她倒是挺信的。

微信上聊天总觉得她是个古灵精怪，头脑很快的聪明人。我们每天有一搭没一搭地聊着，常常都是开开玩笑地轻松对话，或者是她最喜欢的斗图，我也因此下载了很多贴图以应付我们一时的童心。没有时差、随时随地地留言，有时候是在她要上台路演前，有时候是在我几个会议中间的空当。身边的人都以为我们在谈文学、谈创作，其实聊得最多的还是我的小姑，她的偶像。

我选了她家附近的酒店，走路到她那儿也就五分钟，开车两分钟。她总是说一脚油门就到了，说声再见就要开门下车了。因为常常出差，洛杉矶对我来说已是很熟悉的地方，我自己叫了车过去。经过两小时的塞车，相当于搭飞机的时间，我终于到了酒店。

“你何时来呀？我现在走过去接你吧，帮你拿给我的礼物，就经过一条河是吧？”

她来了微信，我正手忙脚乱地拿着房卡进门。

“等等，给我十分钟缓缓。我等一下在楼下等你。”

我很快地把送她的礼物从行李箱里挖出来，一整套的《三毛全集》非常沉重，我装在礼物袋里，扛着下楼。

她已经在酒店门口等了，那么娇小的身躯怎么帮我拿礼物。见面时她比较腼腆，打招呼、拥抱时也有点僵硬和害羞。虽然后来她说一切都是我的幻觉，我还是相信这是个既调皮又内敛，有很多面的有趣灵魂。我们一起走过了那条她称之为“河”的大水沟，畅销作家就是能化平凡为诗词，化水沟为河流。

她在洛杉矶的公寓比起她在北京的家并不算大，全新公寓，环境很好，没有太多的车流和嘈杂。几天前，我还收到她半哭半求救的信息，说公寓里没任何家具，锅碗瓢盆都要一一去买齐，她已心力交瘁。我对她生活能力的不足感到诧异，也对她的真实增加好感。今天一进门，我发现桌椅、沙发、电视等都已经就位，连拖鞋都帮我准备好了，想必花了不少时间和精力吧！她忍不住拆了礼物，把《三毛全集》摊在木头长饭桌上一一翻阅。我在她新买的浅灰色沙发上坐下，想好好喘口气。

“你帮我看看打印机怎么回事吧？”她一边翻着《滚滚红尘》，一边下了指令。

“你这是从温哥华拉了个维修员来呀？你要请我吃日本料理。”我不情愿地说，身体还是站起来走向书桌。

“晚上去吃西班牙菜，日本料理是明天。”她慢慢地说，刻意避开我前半段的问句。

我在网上搜了打印机的安装操作方式，一下就搞定了，她第一次对我投来崇拜的眼神。

她最喜欢坐在家里那个无脚的小沙发上，说是沙发送来时忘了送四个脚，她也就算了。那个沙发小得只有她能挤进去，我不服气地试了一下，果然很不协调。她专属的东西真的只有她能驾驭，就像她的文字没有第二人能模仿。

我们花了很多时间慢悠悠地聊天，每天没什么目的，就是在一起度过几天时间。有时候在咖啡厅一待一个下午，她拿着一本三毛的《请代我问候》，我抱着她的《雀斑》，一本暂时没有结局的书，和人生的书本一样。我不怕，就走着瞧吧！她吃力地看着竖排的繁体字，我也学着看横排的简体字。

她拿着书，兴奋得像发现黄金一样地拉着我说："你小姑1984年在洛杉矶给丁神父写信提到已在洛杉矶待了几个月，你看吧！是你小姑把你带来我身边的。"

我认命地笑笑，继续进入她的小说中。

2018年的此时此刻，我们正在这个花很多车程时间才能出门的大地方。小姑当年来的时候，这里没有很多华人，没有中国餐馆，也没有Uber，想必更是不便。

在商场里，她总是使唤我帮她问到哪儿买东西，在哪儿等Uber。她在平价的年轻人服装店逛得不肯走，找个鼠标垫可以花一个下午，但我们很开心。她喜欢穿各种款式木棉袈裟，很舒服，不过在美国看起来却有些突兀，可自我感觉超级好的她也不理会。我们努力自拍出美国大学风混搭木棉袈裟和神秘风的纽约时装周调调，她笑得像个小女孩，不过她本来就是个让人自动自发去宠爱的小姑娘。

她很喜欢怼我，但是我喜欢被她怼。她的思维方式也总是不左不右，也不是中间，不知道是三维还是四维的。大部分的人说她很感性，我倒觉得她的思考逻辑跳跃得谁都跟不上，极致的时候还会再偷偷带上一句关心和贴心。

一次海鲜大餐的晚餐中，我忙着张牙舞爪地啃螃蟹，她却盯着外面街头表演的艺人，担心人家没吃饭在外面站一

△　饶雪漫儿子为作者和饶雪漫拍摄的照片

晚，又没人给钱，还说要去给那人一点钱，又怕人家先走了。吃完饭我一转头，已看到她用不太长的腿飞快地跑去那个表演艺人脚下的投币箱里投下一团纸钞，投了多少钱她自己也不知道。那一幕，我仿佛看到一位善良的女巫，施了温暖的魔法。

一张前景有两个日本料理茶杯的我俩的照片，是她的天才导演儿子拍的，她取名为“两辈子”。第一天帮她装好的打印机，也没见她用过，倒是替我印了张回程的登机证，可能是她知道我的习惯，事前帮我预备好的。几天后，我上了来接我去机场的车，回头透过后车窗又看到她有点不知所措的表情，和第一天见面时一样。抵达温哥华，一下机微信又跳出一张她的晚餐照，吃了我最喜欢的玉米。现在我信了，两辈子才遇见的知己、玩伴，失联的上辈子，用下辈子补上。

每次在车上看到远山，她总爱问“那山上有人住吗？”饶坏坏，下次带你看温哥华的雪山，大约是要等到冬季了。

这个文青，小姑的不锈钢粉丝，后来重温了《滚滚红尘》的书和电影，然后不断修改她的创作剧本。半年后她带着电影回到了洛杉矶，我也有幸见证了电影人倒时差拍戏的超人日常。

虽然我不算是走遍万水千山，却很享受每个城市留给我的个性化回忆。我们住在温哥华的人会在寒冷的冬天迫不及待地往南方跑，阳光眷顾的加州一直是首选。这次在2019年春天到访，却遇见意外的惊喜。

洛杉矶在我看来不算是山明水秀、颜值爆表的城市，也不是历史悠久、文化底蕴很深的地方。可短短半年，我却来了两次，为了同一人，一个不断和我聊小姑的人。

我与电影的缘分可以从小时候说起。小学时，我被爸爸妈妈带着去看琼瑶阿姨的《一颗红豆》，片尾那颗一直不停自转的小红豆配着我的偶像帽子天后凤飞飞的歌曲，焦点渐渐模糊，至今我还念念不忘导演的创意。多年后，小姑在开始写《滚滚红尘》之前，就常和喜欢吃爆米花胜过看电影的我和姐姐提起当时渐渐兴起的台湾新锐电影风格。《小毕的故事》《假如我是真的》《搭错车》……部部强调写实和小人物的情感，不再追求俊男美女的梦幻甜蜜。当时我虽然不懂什么创作风格，却很喜欢小姑找到新兴趣的喜悦，看她比手画脚，认真演绎，像个小女孩。当时我迷恋的是美国片《外星人E. T. 》和《回到未来》，上世纪80年代的中西电影确实是百花齐放的盛宴。

1990年，《滚滚红尘》面世，我与电影的距离就只是一个电影编剧的距离。

在奶奶家的饭桌上，常常听到小姑兴奋地说着韶华与能才的情愫和战乱的无情，交织着我们这些俗人对着大鱼大肉和当日菜价品头论足的杂音。

"快吃吧，别再想什么在阳台上跳舞了，风那么大，小心感冒。"奶奶担心小姑光顾着说话，忘了吃饭。

"小姑，电影上映时我能不能请同学去看？你要给我免费票哦！爸爸没给我多少零用钱。"

我的电影知识就是在一阵阵饭香的熏陶下和小姑的苦笑中增长的。

4月的洛杉矶意外地冷，不知道为什么上帝没赐给我们期待的热情阳光，他总有他的道理。

"明天拍什么戏？"刚下飞机和雪漫一起吃了湘菜，回程车上我问了一句。

"墓园的戏。"可怜的她因为在飞机上没睡好，累得半死没好气地回答。

这部"一首歌、两代人、三座城"的电影《大约在冬季》的大部队，马不停蹄地从台北杀到了电影圣城洛杉矶，准备在此画上漂亮的句点。我有幸见证。

算上上次去西班牙荷西姑丈的墓园，这已是我两周内第二次造访墓园。清晨六点出门的我们算是晚的了。听说剧组一早五点已开工，我一个外行人，敬畏之情瞬间已升到头顶。我从来就不是只早起的鸟儿，雪漫更不是。可是今天一见，她却已经进入工作状态，不像那个常跟我耍幼稚的萌萌

△　左起依次为《大约在冬季》导演王维明、饶雪漫儿子饶溢童、作者和饶雪漫

女孩儿。我瞬间佩服得五体投地，心中默默按下肯定键，这将是部很有意义的作品。

户外的拍摄地停满了大小车辆，摆着一堆叫不出名字的道具和灯架，来回穿梭的工作人员中英语切换着沟通。王维明导演一身帅气的灰色运动装，头发抹油往上梳起，脸上的一抹小胡子多了几分艺术感，高大的身影忙着指挥。虽然我们在微信上聊过天，可看他那么认真的样子我不敢打扰。电影创作在我心里何其神圣，不可侵犯。他转身见到我，主动打了声招呼，来不及多聊就被场务拉去说话了。每个人各司其职，好一个团队合作、斗志满满的气氛，我不禁肃然起敬。

被心里预测的气温所骗的我只穿了件薄外套。雪漫看

▷ 作者和饶雪漫、马思纯、饶溢童

到快冻傻的我，拉我到一部在车队中自带光芒，特别显眼的白色房车上取暖。《大约在冬季》这部电影的女主角，书中“小安”的化身早就属意马思纯小姐，不做他人之想。我已过了粉丝的年纪，却早在《左耳》和《七月与安生》中为她的演技和美丽所折服。平凡如我也得有几分傲娇，不能轻易外露见到影后的兴奋。奇怪的是，我没见到什么影后，只见到寒风中祭拜完丈夫于枫后黯然走上房车的小安，一个优雅的女人，驼色风衣内搭白衬衫，梳起的包头，眼神中透着善良和灵气。我俗套地说了句“幸会”，客气地握了手，初识有点尴尬害羞，因为见到原著书中的女神主播。

电影真是个需要耐心的工作，很多时间都在等待。那些看似闲晃的人，其实是站在那儿打灯，替演员测光，或是确保拍摄不被乱入的路人打扰，确认服装能连戏，甚至是安排吃喝、照顾冷暖的生活助理，个个都缺一不可。小安对着道具组做的假墓碑一次次地怀念。在我这旁观者看来，那已经不是表演，而是真情的表达。王导高标准地要求不同的角度，重来再重来。李屏宾老师大神级别的打光和运境追求至臻至美。这个团队注重细节，就连地上的一片树叶都容不得出错。上亿的巨制是每个人一点一滴的执着和付出，一首歌的梦想，正在慢慢实现。热血早以战胜墓园的阴冷，来势汹汹的时差也在一声“Action！”中被秒杀。

“这世上所有的死别，都好过生离。”

西班牙帕尔马岛那片美丽的海，毫不客气的海浪声，夜夜不停的呼喊，三毛应该是这世界上经历过很多生离死别的人了。他们曾经爱慕的海，却无情地带走了荷西，成就了他们凄美爱情。被留下的人拖着半死的心，身边的人爱莫能助，再也打不开的心，是不是另一种生离？小安其实是幸运的，在青春时经历生离，年长时领悟死别，却最终在和女儿的和好中放过自己。

最后一场戏，我至今依然感到震撼。

那天的场景是在一个典型的北美中产家庭里。这间种满了各种花草的独栋老房子是那位大学教授于枫的家。不算宽敞的屋内挤满了工作人员，地上铺了保护地板的胶纸，一条条电线环绕着。书架上的中式摆饰和全家福照片透露出美术组的用心，这一切浑然天成就是北美华人家里的装饰。

为了不妨碍工作人员，我走到后院。“小安”和雪漫在草地上席地而坐，开心的一家人趁着春天的微风在自家后院悠闲地野餐，静静享受终于露脸的加州阳光。

“导演，待会儿是在室内拍那场母女对话的戏吗？”雪漫问迎面走来的王导，“我觉得这场戏应该在户外才能表现三座城的特色，也和之前齐家父子的室内谈话戏做区别。每个城市的空气中都有独特的味道，天空也有不同的蓝。”

我下意识地猛力深呼吸，一大口气迅速进入肺里。闻闻雪漫所说的独特味道，那是对电影的热爱的味道，是集体创作的味道，是洛城独有的味道。

一个小小的身躯顶着蓬松的发型，无惧地在人高马大的片场穿梭，温柔平和却又让人心服口服。我们常常互怼，内心深处我却非常欣赏雪漫丰沛的创作才华，讨人喜欢的天赋，现在还多了坚持梦想的傻劲儿，当然更心疼她为这部电影付出的心力和健康。

搭好的轨道和电线，一声令下，立刻拆除重搭。尊重创作的这群人，不苟同、不将就，更不怕麻烦。相信看完原著《大约在冬季》的读者像我一样，心里对故事总会有个自己的蓝图构想。可今天眼前的一切，却是远远超出我想象的完整。

这是一场小安和小念母女和好的戏。我越过导演的肩膀，在监视器里看得偷偷擦掉一把眼泪和一把鼻涕。拍戏我不懂，我只看到一对母女心领神会的交流，没有多少语言，只有一个眼神、一个撇嘴，一阵看似拒绝的内心喜悦。黄昏在玫瑰花飘香的院子里写意地洒了一片橘色颜料，真实地呈现出一个平凡的午后。

1987年，听小姑说起她在做一部歌舞剧，男主角是一匹狼。后来，我坐在第一排看了那出让当时年幼的我似懂非懂的戏码《棋王》。今天这匹狼的电影在我眼前杀青。

“刻意去找的东西，往往是找不到的。天下万物的来和去，都有他的时间。”这句话来自三毛的《谈心》。

“花开了一半，舍不得枯萎，可惜了……千堆雪已烧成灰。”

小哥齐秦的歌声还是那么清亮年轻。

“只有你家的雪会烧成灰，你也太会写情感了。”我忍不住赞叹。

“你小姑那本《亲爱的三毛》里都是读者写给她的信，我当年也写了信，但最后没寄出。你小姑走的那年，我去看了另一位偶像小哥的演唱会。所以一切还不都是你小姑和我哥哥教的，手把手养成了今天的我。”

北京的夜色里，她蜷着身体坐在地上缓缓说着。

《撒哈拉的故事·爱的寻求》节选

“你结婚了？”我很意外，因为沙仑吃住都在这个小店里。无父无母，他哥哥一家对待他也十分冷淡，从来不知道他有太太。

……

“她现在在蒙地卡罗。”他讲起他太太来好似在说一个女神似的。

……

“你在想什么？”荷西说。

“我在想，飞蛾扑火时，一定是极快乐幸福的。”

三毛

爱的再寻求

三毛的爱情故事至今流传，我在和小姑的相处中也感受到她是个极度感性的人，总是看到别人的好，教我们对爱充满感恩和追求的勇气。《撒哈拉的故事》中《爱的寻求》那篇里的那位沙漠中的沙哈拉威人沙仑，相信很多人会说他傻，执着地就为了一个信念，一个让读者看了都不忍拆穿的信念。

小时候不懂爱情，这篇文章也是在小姑走后才仔细读完，就在刚进大学那一年，青春开始绽放的那一年。安静的沙仑那几天一直在我心里静静微笑。如果小姑还在，我会用尽一切方法贿赂她赐给傻沙仑一个让读者再次相信爱情的结局。可惜，结局没有人能改写，或许他的出走也不是个结局，只是我们永远不会知道结局的中场暂停。我情愿任性地相信他躲在世上的某个角落，幸福地活着，生了一堆孩子，一辈子不会知道有一群中文读者在远方替他担心着。

天慈姐你好。我叫琪琪，我是你小姑的万年老粉，一个普通的“八零后”白领。第一次看三毛的作品是在初中，从妈妈的书架上翻到的《撒哈拉的故事》。偷偷告诉你，那本书好像是妈妈的初恋情人送给她的，她背着爸爸偷偷珍藏着，像是珍藏着当年的纯纯爱恋和逝去的青春。

我一般几天才会上一次微博，这条信息也是在几天后才看到的。这种开场确实引起我的好奇，也为没能及时回复感到不好意思，人家真诚吐露心情故事，我却没能及时倾听。

我是在三毛超话上看到转发你的微博，很兴奋和三毛阿姨靠近了一大步。听说以前有个三毛信箱，当时我年纪还小，现在也只能把这份情感向你叙述，希望不会耽误你的时间。

我其实还是喜欢在忙碌的生活中了解小姑粉丝的内心世界，也很感激他们。小姑的文字陪他们经历了苦涩和无奈。小姑走了快三十年，还有人因为她的文字改写了人生故事，成就了爱情的追求。

从那天开始，琪琪出现在我脑海里的次数就随着通信的频繁逐日增加。我开始关心她的感情生活，仿佛当年担心傻沙仑。

不知道你有没有一个保护你梦想的人？或者你有没有试过拼命保护别人的梦想，即使那个梦想只是当年的一句玩笑？

琪琪的话，我想了一晚。我一直自私地保护自己的梦想，一心勇往直前，专注于目标，常常无情地忘了身边守候的亲人和情人。琪琪一下来了几封信息，一时间我来不及看。

我的他也是个三毛迷，我们是在高中认识的。《爱的寻求》是我们很喜欢的故事。我们总在相思树下一起读着你小姑的文字，知了在旁边闹哄哄地见证我们的欢笑。他让我躺在他怀里，我捧着你小姑的书，捧着以为会天长地久的初恋，多么可笑的年纪。

去年我离婚了，前夫是我的大学同学，一个曾经爱我却从未懂我的人，我感谢他十年的陪伴和教会我的人生道理。我们的爱情普普通通，生于青涩的校园，结束于柴米油盐中的不断妥协。三毛曾说："如果爱情不落到洗衣、做饭、数钱、带孩子这些零散的小事上，是不容易长久的。"而我的爱情就是过不了生活这一关。婚姻是赔上了，人生还要好好走下去。我也是一名文字工作者，从天津来到了北京总公司，继续过着把现实寄托在文字里的日子，不是逃避，只是想尽办法让自己好过一点，对爱情还是有着期望。

她的私信暂时停在这里，我感觉喉咙里卡了个花生壳，不碍事，却怎么都不舒服。

我们大部分人不是生活在撒哈拉沙漠，每天的磕磕绊绊却像沙漠中的沙，让我们对爱情的期待和相信渗入很多现实的杂质，一点一滴慢慢干枯。说来俗套，可谁又能清高地避免？小姑的爱情虽然历经波折，却落实在平凡的朴实中。

我们身为家人看来感到心疼，却也知道那是专属于她的人生轨迹，谁也干预不了，只有在背后默默支持与照顾。沙漠的空，靠爱情填满。沙土上成的家，好歹也是个家；高楼大厦里的家，却常常家不像家，多少男人女人在退无可退的夹缝中怀念曾经的誓言。

三毛是很多人的青春，怀念她时也总难免回忆起当时一起听的音乐，还有那个呆呆黏在身边的人。琪琪也是如此吧！

她的信息又来了。

> 看到你微博里的文章提起小姑，总让我忆起当年的青春，那个对我很好的男孩，那个爱发脾气又任性的自己，那次错过的爱情和珍贵的友情。真的很想念他，那个第一个给我真心的人，那个分开后我才知道爱过的人，那段再也回不来的青春。人生不就是很多的错过吗？在人生的关卡中，我总是想起他，我不知道他的近况，甚至不知道他在地球的哪个角落，他会不会在你小姑的撒哈拉？！
>
> 老家的同学会我也去了几次，他都没有来。同学们没在我面前提起他，也没人知道我的婚姻状况，在外人面前我是个幸福的女人，做着一份安稳的工作，走着和三毛截然不同的普通人生。

我还是选择不用过多的言语干涉琪琪的分享，静静等待她的下篇信息。

“亲爱的琪琪，你的故事平凡真实，三毛也是个平凡真实的人。谢谢你的来信，祝生活愉快。”

小时候小姑并没有和我们小孩子提到很多爱情故事，只是在小学第一次收到情书时，小姑抛了一句“好好珍惜别人勇敢表达的真心”，一旁吓坏的老爸马上把小姑拉走。小学生的嬉戏看来胡闹，后来再想起，勇敢说爱不是卑微的恳求，而是来自充满爱的自信和懂得欣赏别人的善良，追求爱的过程也是种快乐和幸福。小姑的话一直刻在我的脑细胞里，随着年岁增长更加深刻。

再次收到琪琪的来信，因为时差，又是一个清晨。

> 在高中英语老师的丧礼上，我见到他了。人群中我看见他，就在他也看见我的那一秒。三十岁的人了，有一定的世故，我们客气地点了头，心里却不客气地大喊，就是这个笑容，我的十八岁回来了！晚上吃饭时，同学们拉了个微信群，说是作为怀念老师的群，可以发些照片留存，再给师母发一些安慰的话。他还是一贯的斯文客气，却多了点我喜欢的自信和开朗，群里的幽默妙语，是以前害羞内向的他不会做的事。原来他刚搬到上海，北上回老家看父母刚好赶上聚会。这个男人应该是某人的丈夫和父亲了吧？他值得拥有一个爱他的女人，温暖的家。
>
> 此时我哼起你小姑三毛作词，林慧萍老师演唱的《说时依旧》：
>
> 我是真的真的真的爱过你
> 说时依旧　泪如倾
> 家中孩儿等着你

等爸爸回家　把饭开……

从小自视甚高的我，在家是父母的千金，在外也一直被宠成公主，身边男人没少过。傲娇的我虽然和他暂时做了群友，但并没有主动加他好友，心里希望他来加我，虽然只是想想而已。他在群里的话越来越少，不知道是因为没有共同话题而聊腻了，还是忙于他那创业阶段的事业，心疼他的劳累，他一直是尽心尽力做好每一件事，爱每一个人，正如当年他给我的一切。

"美女，还记得我吗？这首歌我很喜欢，送给你，想说的话都在里面了。"虾米音乐分享的张惠妹的《我最亲爱的》，弹出的好友申请和紧接着的一连串信息，像是早就想好的计划。我的心跳得好快，傍晚挤在地铁里听不太清楚歌词，打算回家静下来再好好听几次。

我在工作一天后，很疲累，但还是期待琪琪的故事。人到中年，也许对爱情还有些许期待，勇气却所剩无多，再要信任一个人也是难上加难。如果我是琪琪，我不确定自己是否有勇气打开那首歌，打开那段十五年前的回忆，或许会无情地把它湮灭在忙碌的借口中。

"好好珍惜别人勇敢表达的真心。"一个清脆的声音响起。

所有看似潇洒轻松的问候，都是背后多少次深情的演练，多少紧张的心跳夹着从骄傲中挤出的勇气，多少贴心的不煽情、不打扰，拿捏得刚刚好。

我一向不善于灌各式鸡汤，所以还是没有多说，我只留给琪琪一句：恭喜你，他终于回来了。

日盼夜盼的信息又来了。

我告诉他当然记得你，心里的潜台词却是“每天每夜从没忘记过你”，做个好朋友挺好的。一小时后，他来了句“《滚滚红尘》修复版在台湾上映了，你喜欢的三毛。”他还记得我的喜好，我也还记得他对我的好。我不敢问那首张惠妹的歌词中他想跟我说什么，他也没再提，我们就这样小心翼翼地试探，克制着内心的激动，努力摆出沉稳，假装成熟，见过世面的客套。隔天，我还是忍不住问了一句：这些年你好吗？孩子有了吗？却害怕他反问我的状况。

“你哪只耳朵听说我结婚了？我可是个单身狗呢！‘双十一’我年年过着呢！”他那么温柔怎么还没被订走？一定是在女人堆中流连不想定下来吧！“你呢？男孩女孩？”“我离婚了。”面对他，我总是无法招架，就是老实得不忍心骗他一言一语。“恢复单身，男士们有福了。”他还是那么客气，从不伤害人，除了当年分手时的那句“我想冷静一下”，大概是他十八年来说过最严厉的话了，却是对那个当时他深爱的女孩。天慈姐，你知道吗？说来幼稚，当年那次没有再见的道别，这么多年后，仍然是我心底的一个遗憾。

“不需要道别，因为故事待续……”

我回复琪琪，心里却有点悲伤。又是一个下雨的温哥华冬天，我一个人在车里。

接下来一个月，我在欧洲出差，并没有收到琪琪的信息，希望她和他一切都好。

《回声》演唱会开始宣传，小姑的歌再度被传唱。那首《七点钟》是一个第一次约会的故事，少女的期待在爱人面前变得渺小，却在爱情面前变得勇敢而强大。

> 今生就是那么地开始的
> 走过操场的青草地
> 走到你的面前
> 不能说一句话
> 拿起钢笔
> 在你的掌心写下七个数字
> 点一个头
> 然后
> 狂奔而去

齐豫姐姐清亮的嗓音唱出三毛初恋的酸甜。初恋占着首次的绝对优势，第一次付出真心、第一次被爱、第一次被伤害、第一次告白、第一次处理分手、第一次失恋……谁不是恋爱了才学习恋爱的？多年后才怀念对方的好，后悔自己的不懂事。当年的懵懵懂懂，一起经历的跌跌撞撞，这些青春的摸索才是初恋珍贵的重要元素。

曾有人说没哭过的爱情都不是真爱。爱情中让人掉泪的往往不是那个狠心的人，而是委曲求全的自己。然后发誓在下一段感情中要占上风，却还是在爱上的那一刻缴械投降。爱的再寻求也是重新认识自己对爱的态度，其实和对象没有绝对的关系。

这次琪琪的语气透露着不安。

他已一周没找我了，我很担心，却不敢打扰。一天发一次信息，小心谨慎地把思念包得密不透风，把千言万语包在一个搞笑的贴图里，再安慰自己。不会太明显，没人看得出我的小心思。不知道是不是他有女友，不希望他和我联系？不会是他出什么事吧？天慈姐，不好意思，我的急躁担忧，向陌生又熟悉的你倾吐。

过几天，我等到了琪琪的信息，也算安心了。

原来他进了医院，动了个小手术，医生让他多休息，别看手机。一出院他立刻回了我微信，“放心，还活着，就是有点想你（附上一个爱心）。”这个小红心，轻轻瓦解了我多年筑起的铜墙铁壁，即使心疼那个曾受伤的自己，也抵挡不了又一次的傻劲儿。我也回了个爱心，已经是用足了挤出的勇气，是成年后再也没有过的表白。

几天后，我们通了电话，这是十五年前我生气地挂上电话后，第一次在电话里听到他的声音，在七夕的早晨。他的声音还是那么傻，我也傻呵呵地笑。短短几分钟的尴尬，我知道是他给的七夕礼物，是他要重启的记忆，再次被他捧在手上的心，温暖而勇敢。

十五年思念的累积，我们是不是把对方想得太美好？脸上的皱纹、渐渐出现的白发他会不会介意？我真的害怕再失去。还有十八岁时他为什么不说再见？天慈姐，我开始患得患失，这个年纪和刚结束的婚姻让我有着输不起的脆弱和给不起的天真。

荷西等了三毛六年，给了小姑流浪的终点。琪琪的他至今未婚，是等待还是碰巧的空缺，真的重要吗？曾经的回忆是现在熟悉和信任的基础，加速了进展，却快得让彼此怀疑幸福来得太突然，用十五年来和别人的情感经历来仔细检测这第二次的初恋。

“我在想，飞蛾扑火时，一定是极快乐幸福的。”小姑曾这样给沙仑的爱情下了结论。那个眼神执着的单纯的沙漠男孩，从没怀疑过他远方的所谓妻子，他是幸福的。

上帝给的第二次机会，怜悯他当年没有自私地说出那句话。

“如果当年没考上大学的我要你等我一年，你会答应吗？”

他还是问了这个如今看来还是很蠢的问题，琪琪顾左右而言他。当年正绽放的青春，男孩排着队请她吃早餐，她哪知道准备高考那年天天为她准备早餐的那个他，会在十五年后单纯地以爱之名等着她，又哪会知道他留下的痕迹原来那么深。

时间是退了潮的海滩，刷掉曾经的脚印，却露出满脸伤痕的礁石，狠狠笑看岁月的多变。

琪琪的最后一条信息是带着微笑的。

从没想过我们会再遇见，故事未完，当年他不愿说的再见，其实是给今天留的伏笔。当年我没有等他，他却等自己强大成熟，再来给我一个更好的未来。“我不可能再对你百依百顺了，现在的我做不到。”他怯怯地跟我交代。我因为他的紧张觉得可爱。“我不需要你的百依百顺，我希望我们之间是平等的，以前是我太任性霸道了。”这个懂我也愿意让我懂的人，总是把话说得明明白白，不忍心让我犹豫和为难。而我的改变，也多了他以前不敢奢望的温柔，升级版的我更是让他爱不释手。

他偷偷做了攻略，说要带我去看你小姑的撒哈拉沙漠。我的梦想，他认真对待，说要牵着我踏遍三毛的足迹。我们没有三毛和荷西的生死相许，我们也不知道命运能让我们陪彼此多久。过去的美好，是未来的练习，我们会好好珍惜，一直走下去。也谢谢你这些日子代班小姑的聆听。

我留下最后的鼓励，当作道别：你们的青春向现实低头，你们的未来请勇敢捍卫。

有散有聚的情爱里，愿你俩永远两小无猜，无拆。

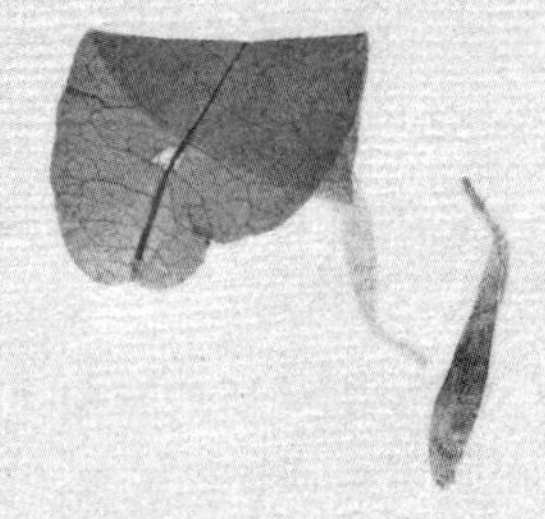

《流星雨·一个男孩子的爱情》

他开始慢慢地跑起来，一面跑一面回头，一面回头，脸上还挂着笑，口中喊着：“Echo再见！Echo再见！”我站在那里看他，马德里是很少下雪的，但就在那个夜里，天下起了雪来。荷西在那片大草坡上跑着，一手挥着法国帽，仍然频频地回头，我站在那里看荷西渐渐地消失在黑茫茫的夜色与皑皑的雪花里，那时我几乎忍不住喊叫起来：“荷西！你回来吧！”可是我没有说。

……

我只是感觉冥冥中都有安排，感谢上帝，给了我六年这么美满的生活。

三毛

一个男人的爱情

上回提到《爱的再寻求》中的琪琪，她发来的几封私信确实撩起我对爱情早已平静的想象。几个月后，我又收到她的信息，这次是转发故事的男主角小林的博客，一字一句抒发了一个男人在爱和现实里的无奈和坚持，没有离奇的波折，甚至没有义无反顾的勇气，只有平凡现实的每一天，和我们大多数人一样。

以下是小林的博客。

2019年11月12日　女人实际，男人文艺的年代

在北京见了你，琪琪，在我忙碌的出差行程中，只能委屈你见缝插针地相见。我们都不再年轻，不能再像青春正茂时挥霍。爱情确实也不再是生活的全部，如何把爱情融入日常中就是一个不简单的课题。

“我很实际的，你是知道的，虽然我是做文字工作，本应该崇拜爱情，但经历过一次失败的婚姻，那

曾有过的盛大婚礼，最后还不是一场空。现在早已不再相信轰轰烈烈的山盟海誓，平平淡淡才是真。”

你用硬邦邦的口气跟我说，好像在声明你要的爱情模式，我默默记下，心里却没有完全明白，毕竟我对你那段婚姻中的问题并不了解，你也从未告诉我，你还是很保护自己内心那块没人能进去的秘境。

“那段婚姻不是失败，至少让你成长，然后我们再相遇。”我一边整理行李拿出明天要给合作伙伴的礼物，然后给你倒了一杯温水，月事来时的你一向很脆弱，除了嘴皮子。

“你也太理想主义，所有成长都是伤痕换来的，都是血和泪，不要也罢。现在我只想平凡过日子，有你在就好，你不在身边时我也能自己过好每一天。”你回嘴说，带着成熟女人的面无表情。

从小我们就有太多差异。你直爽，不在意别人看法活得很自在，比同龄人早熟；我处处替人着想，却有着无畏的天真。你不爱收花说不实用，我却喜欢送花的浪漫还有看到你那藏不住的喜悦。

“那三毛写的《一个男孩子的爱情》里，荷西在雪地里的六年之约誓言，你不也是信得要命，搞得我找了一堆卫生纸放在盒子里假装是雪，上面放了送你的一朵玫瑰，你还记得吗？”

我们常拌嘴，从初恋到再恋都没变过，这是我们的情趣，也增进我们对彼此的了解。你说你记得，还嘲笑我那天的傻样子。

“就是因为这是一个现实的世界，荷西的纯真才珍贵呀!”

你的道理总是一套套的，我就是说不过你。我就是爱你的诚实，过去的感情也让我们的重遇少了很多陌生人的试探和猜测。我并不惊讶你的那些话，这些年的磨炼让我早已褪下天真，沾上了俗气的铜臭味和一点狡诈，内在却只是一个自卑的男孩，害怕失去，很爱面子。让我好好再重新认识你、了解你，毕竟这一别是十五年，整整是三毛和荷西的六年之约的两倍半。

即使还沉醉在重逢的美好中，深信彼此是最对的人，可我深深知道这不会是条好走的路，可以预期的性格上的磨合，对彼此缺点的包容与理解，南北远距离的困难，刚从婚姻里走出的你心理上的愈合，我的患得患失，都是加在这段感情上的关卡。没有考验的爱不是真爱，不经历风雨怎能体会平凡的美好。我还是吞下担忧没跟你说这番话，太早预判的难题就先放着吧，也许没必要自己吓自己。

你给我买了一件时尚的黑色帽衫，印着看不懂的图案，很潮。你的品位一向很好，完美补足我的弱项。你说我们一起出门时可以穿，嘱咐我不要每天西装衬衫的给人距离感，我知道高傲的你能够走出这第一步示好已经算是很稀有了。我们对感情进程的推进有截然不同的想法，从在同学群里的联系，见面后，你很快跳过了缠绵暧昧，将我们的感情列入平实生活的阶段，而此时我还在留恋重逢时的喜悦，一时间赶不上你的脚步。

我极力想弥补逝去的这十五年错过的时光，在抖音上学了哄女人的新招，满是欣喜地趁着你上班时，偷偷准备了一份惊喜。我把一首创作给你的小诗写在一张像手掌大小的卡片上，再看似随意却很认真地藏在那盒你每天睡前都会用的黑金面膜当中。

再陪你一段
用我这所剩不多的青春
补你的遗憾
圆我那个痴心妄想的梦。

晚上我洗完澡出来，你已敷上面膜，滑着手机照例躺在沙发上。我走到你面前呵呵地笑，等你主动揭穿。

“搞什么呀？我以为是那面膜厂商给我的优惠券，差点丢掉了。”你噘着嘴小声地说，以免牵动太多脸上肌肉。

我兴奋地问道：“感动吗？喜欢吗？”

“嗯，还可以，以后这种东西发微信给我就好，一张小卡片很难保存的。”

你的笑容隐藏在面膜下，我猜应该是的。琪琪，你知道我其实是喜欢仪式感的人，我喜欢哄你开心的过程还有达到目的时的成就感，当然这些都是出于对你的感情，这些都是别人没有的待遇。你像清水一样渗透进每天忙碌的工作和塞满企划案的头脑里，看似平淡无奇，我们却可以品尝出甜味。

荷西当时下班买了百合花兴高采烈地送给三毛，三毛却生气地说：“都什么时候了，哪有钱买花。”

这是一个女人实际，男人文艺的年代。

2019年11月20日　熟女的点赞

今天我们意见发生点冲突，并不算吵架，却是很好的沟通。现在的我是一个不怕起冲突的人，小时候却是怕事、怕不被认同的讨好型人格。这翻天覆地的改变是在做生意后不得不变的。

“我最讨厌你小时候对谁都好。就像三毛说的，‘如果你给我的和你给别人的一样，我就不要了。’我要你给我独一无二的。”你躺在沙发上，跷着你引以为傲的美腿，一边刷着朋友圈，一边轻轻说道。

我一惊，脑袋里快速翻阅有没有案例可参考，但我记性一向不太好，不记得十五年前哪里得罪你了，可你随口发出的指令，坚毅而无畏。至于此时的我能给什么，能给多少，暂时还把握不好。

“现在不会了，谁对我好我很清楚，也不会做无谓的投资，更不怕得罪人，越是讨好别人，最后没被讨好的那个人永远是自己。”我急忙跟你解释，有些捍卫的味道。“我现在就只想你一个人开心。”

我很得意地回头看你，希望得到你的点赞。结果你还是盯着手机看，一直给别人点赞。

“啊！什么？嗯，好哦！”

你心不在焉地敷衍我，我安慰自己你只是专心致志，不能一心二用，只要我们在彼此身边已是最大的点赞。

能和你重遇上，我其实是很开心的。交往过的女人中你是特别的，在我青涩的青春陪我一起傻、一起疯，一起经历成长的失落，然后突然消失，留给我一个画不下的句点，也格外舍不得你。重逢后的第一次约会是在北京，你公司附近的西餐厅，你订的位置。我到时你刚好进门，还是那么高挑，白白的皮肤、长长的直发，穿着你一直爱穿的短裙，脸上褪去稚嫩，多了世故。我们礼貌地打招呼，即使已经每天在微信聊天，还是略显尴尬。那顿饭比较多的是叙旧，还有一点点爱意的试探和猜测。后来，见面多了，才渐渐走在一起。

前几年几段感情的失败，让我想起你的笑、你的坏脾气、你的真。我没有主动去找寻你，想想这么好的女人值得拥有幸福的家庭、疼你的男人和子女。后来，我们开始频繁地聊天、通电话、南北飞地见面。我仿佛回到以前热恋的少年，你曾是我用尽心力保护的女孩，在那个边谈、边学、边受伤的年纪。我们花了很多时间理清这十五年发生的事，生活、感情、事业、生涯规划，甚至是我们共筑的未来，你仍是我心理上最依赖、最信任的人，我也感受到你的爱和欣赏。

上个月的十一假期，我们在你北京的家中一起过了几天的小日子，是我这几年中最开心的一段时光。我们每天穿着睡衣，叫着外卖，我不用开会，你不用上班，真实地面对彼此，一下子快速进入老夫老妻的状态。

“我喜欢这种简单真实，你的打呼声我也习惯了。”一天早上起来，你好像感应到我的想法，先说了出口。

“你怎么知道我在想这事，我准备好的仪式感和浪漫还没使出来，还想跟你过过有点神秘感的日子，哪知道现在连上厕所都不用关门了。”我笑笑，对你这种实际派还是需要时间适应的。

你在厨房准备着炸酱面，加了我喜欢的辣椒和荷包蛋，即使我没说，你也总是知道我的喜好。我放好碗筷回头看到你的背影，心想这个女人真是个宝藏，外表满是保护自己的武装，生起气来一字一句都像菜刀一样割入人心，年轻时候的你就是这样让我欢喜让我忧。如今，你多了女人味，多了柔软，还多了对人性的体谅与敏锐。

“今天天气不错，我们去看场电影吧！”我提议，还是想重温以前的甜蜜。

“现在外面人很多的，电影院一堆年轻人，我们就别去人挤人了。”你马上看到实际面的困难，同时也早就发现我的浪漫心意，体贴地说，“我们吃完饭到楼下小区公园散散步吧！”

颜值爆表的你还有些高冷，很难和蕙质兰心扯上关系，可你却对我处处细心，只是嘴巴上不说，其实心知肚明。

女人的魅力有时候就是在这些看破不说破、给男人面子的小心里，十七岁眼里只有自己的你这几年是经历了多少人生的妥协，才有今天的改变？想到此，我很心疼。成年人的爱情只是生活的添加品，心底虽然渴望浪漫，身体却很诚实地向现实低头，毕竟不是每个人都能为爱远赴撒哈拉沙漠，我们平凡老百姓也只能在每天的日常中让一点点的爱灌溉心灵的沙漠，或者早已对干枯习以为常。

我们在秋天的午后牵着手慢悠悠地走。

“你记不记得，我们以前在你家附近吃完刀削面一起走回你家。”

我说起回忆总是很开心，你也是。

“是呀，我记得，那家店的老板是个老爷爷，总是在看电视。你送我回家时也是这样牵着我的手，好像怕我跑掉。”

原来你都记得。

2019年12月1日　猫与狗的爱恋

那天我们正式吵架了，吵得挺凶的。

在上海的工作还是忙忙碌碌，事业刚上了轨道，同时在另一块版图上开拓新境界，很累却心甘情愿。我们还是每天在微信上聊着，有时候通通电话，我寄给你的礼物也常给你惊喜，这种远距离的感情我们都认真对待，尽力维持。

今天我刚从一个午餐会议中回到车上，想起你也正在午休时间，我还有半小时才去下午的会面，想念迫使我心急地打了微信语音给你。

“喂！在干吗呀？吃饭没？”我微笑着说。

“没干吗，刚吃完饭在休息。”你冷冷地回答，声音中有点倦意。

我想给你些甜言蜜语，谈谈情说说爱，不能在你身边陪伴，只能精神上尽力安慰。

“别说了，说来说去也就差不多那几句，我知道你对我好，我昨晚没睡好，不想说话。”

我对你的反应很失望，却也不忍心勉强。

爱情对于每天面对大事小事的中年人来说已是奢侈的甜品，不能每餐都吃，对身体不好。对我来说，也正因为得来不易而分外珍惜。你却喜欢把甜品当放在客厅的装饰品，虽然喜欢也不用每天观赏，这点对我来说确实还不能接受。我相信感情得常常谈，时时给生活加点甜味，你却相信细水长流，稳稳的幸福。

睡前我照例给你发信息。

“睡了吗？今天你公司那个花痴姐，有没有找你麻烦呀？昨天她不是说你讲话态度不好？”我试图提起你聊天的欲望。

“就这样呀，懒得理她。我想看看小红书，然后睡了，你也早点睡吧！”

今晚你不太想聊天，我却很想聊。

“怎么现在不想跟我说话啦，中午就爱理不理的，小红书有什么宝呀？”我有些急了，失去耐心。

“你怎么那么烦，我只是想有些自己的空间，不想说话。”

争吵的气氛一触即发，最后还是保不住平静，你我都生气了。

感情是最严酷的修炼，始于沉醉于天生一对的误会中，总以为这次可以轻轻松松，幸福美好就这么手到擒来，结果通不过考验在半路就放弃。怎么也过不去的绝望，恼人之处就是你不知道这是天生不和，还是只是一场考验。现在的我，不会再像年轻时千方百计顺着女友，也不会隐藏自己的喜好，爱你和爱自己同样重要。你也不像别的女人，天真地以为可以把爱当作赌注，换一个天长地久的承诺，黏黏密密的情话，不如平静自在。

我有些发火了，忙了一天就想好好说声晚安，远距离不就是早安、午安还有晚安的节奏吗？我写的剧本，要你参演，你却在今天罢演。

“你那什么八卦新闻、社交媒体的破事难道不能等一下再看？就不能放下手机好好说话吗？你难道不知道珍惜眼前人？我可是想你一整天了，憋到现在，一肚子不爽的。”我一口气发泄不满，虽然有些后悔，也算是一吐为快。

“你能不能尊重我的感受，我只是想要一点私人空间，看看我喜欢的美妆直播。白天我已经说很多话了，现在我需要的是安静，不要一直跟我说些无聊的话。”你骂起人也是一字一句弹无虚发。

我本该忍让，一时间也气急败坏。“你到底在干吗？不回我话却在同学群里瞎聊。”我大声呵斥道，火已经上到头顶，我可是把你放第一位，理应得到你相等的回应。

“你终于说了吧！你就是不信任我，就是疑神疑鬼，我没有在和别人私聊，我真的是想静静，我需要一个人的空间。”

说完，你就挂上微信电话，任凭我打到手指抽筋也不接。

不意外地又是一夜不眠，隔天早上六点起床到了公司，虽然心情沮丧，但还是得笑脸迎人，商场上的面具戴上就很难摘下，是成熟也是责任。晚上去了一个饭局，吃吃喝喝，谈谈风雅，这种聚会看似无趣有时候也有其功效，尤其对一个远距离恋爱的“类单身狗”来说。反正回家也是一个人，一台不响的手机，一个想念却不敢联系的人。

多少爱恋是死在油烟味中，不嫖不赌的人看似完美，也避不过渐行渐远的冷漠和忽视。我们的三毛说过：“真正的爱情，就是不紧张，就是可以在他面前无所顾忌地打嗝、放屁、挖耳朵、流鼻涕；真正爱你的人，就是那个你可以不洗脸、不梳头、不化妆见到的人。”

时间是个高明的第三者，它潜伏在每天的日常中让你忘了对方的好，习惯对方的付出，然后在失去后又让你想起对方的好和对你做的一切。我们的感情因为有以前的根，很快开枝散叶地落在吃饭、睡觉、穿衣、数钱的现实里，接下来就是时间这最严峻的考验了。

经过一周的浑浑噩噩，想了千万次的你，担心你容易感冒的体质和晚睡的坏习惯，以为自己可以摆摆酷，和哥儿们出去玩玩，最后都是被孤单的夜晚取代，乖乖在家待到天亮。周五早上让同事帮我买了去北京的机票，一个身体力行的急性子怎能容忍被一条网络线牵制，我决定亲手了结这一切。我们的爱情表面上没有生离死别的高潮起伏，内心戏却不少。

“我喜欢猫的骄傲与自我，不合群却很自在。”你曾说。当时的你化着浓妆，像只波斯猫。

“我喜欢狗，我喜欢狗的善良和忠实，还有见人就舔的热情。”我的话逗乐了你，那时的我们好甜。

感情要长久不就是要把相爱与相忍的二合一配方一起服下才有效。我爱你所以忍你，你爱我所以也忍我，因为我看到你忍我，我才更爱你。一张床两人睡，都得让出点位置，做出点牺牲，适应对方的步调。爱一个人就是发现自己的过程，每一次争吵中会发现自己原来有那么多缺点，活了大半辈子也浑然不知，谈次恋爱就会被对方的火眼金睛一下子看出，无所遁形，然后一一进化，为了身边的你变成更好的自己。

这天在飞机上，一只狗去挽回和一只猫的感情。我不知道三毛和荷西的生活中是否有争吵、有差异，谁是猫谁是狗，还是为了对方已变成一半狗一半猫。我因为以前被背叛的感情而多了怀疑，这创伤不该你买单。你对爱情的看淡与实际，也需要我的理解。我们在彼此身上看到自己的盲点，谢谢你的包容与提醒。我们都不完美，但是两个不完美的人互相适应，也算是门当户对了。

荷西当年写信给三毛说：“我想得很清楚，要留住你在我身边，只有跟你结婚，要不然我的心永远不能减去这份痛楚的感觉。我们夏天结婚好么？”

在你公司楼下，见到我的你说：“咦，你怎么来了？”

“我们的未来要勇敢捍卫，这辈子你别再想跑了。”我不等你说完立刻回答。

这我今生最霸道的承诺。没有电影中的鲜花和拥吻，也没有跪地求婚，我们吃完烤串随意地散步，街边穿着白背心的大叔扇着扇子看着我们，这就是我们朴实的浪漫。

你不是三毛，我也不是荷西。我们的故事没有不朽，也没有六年之约。我们只是很普通的人，谈过几次恋爱，经历婚姻，遇见过几个错的好人和以为对的坏人，可能劈过腿，也被劈过，最后幸运地再遇见。以后的我们也不会停止争吵，不会停止流泪，更不会停止相爱。

琪琪微博来信：

天慈姐，我们的故事很无聊吧？也许根本没有完美的爱情，每个人对爱情的看法不同，他有他的要求，我有我的。我们未必能给对方多少，或者能走多久也没人知道，也有很多现实的问题躲不掉、理不清。但至少现在我们真心相待，愿意包容，也就足够了。我们没有你小姑故事里丰富的浪漫色彩和动人的情节，也没有生死两隔的剧情，可这是我们的一场修炼，一起成长，才能磨成最舒服的相处与幸福。

琪琪给了这段猫狗之恋一个注脚，真是一个很了解自己的女人，值得拥有一段好感情。

后记

这是我第一本书，希望能以我有限的能力承接小姑的万分之一，仅以此书作为延续她的第十五号作品。

从第一个字到最后一个字，总感觉中间小姑一直都在，有她的调皮，有她对我们的不舍，有她的足迹，更有她的遗憾。她走了快三十年，我们生活虽然依旧，偶尔想起她，或者说她总是趁我们不注意时用她的方式来访，冥冥中也为我们安排了一些相遇和分离。

这几年因为自媒体的方便，陆续收到很多小姑的老读者和新读者的信息，聊了很多看似平常的话，有的问荷西是不是真实存在，有的问小姑私底下是什么样的人，还有人问她是不是像书中一样浪漫。我真没想到小时候相处的大人玩伴，会给全球华人朋友那么大的影响和启发。

近几年也陆续有很多三毛的推广活动展开，既有围绕一场《回声》演唱会的成千上万的网络帖子和电视节目，也有三毛读者们抱团取暖的大小社群，很开心大家都还爱着她。我也从很多读者的故事分享中得知，原来很多人都想活出像她一样的自由灵魂，当年她替读者打开的窗，如今已成了美丽的风景。一个自认朴实无华的人，却在读者心中画出了不凡的图画。

虽然小姑是个天真的人，但她承受了很大的人生磨难。她也常常鼓励我们好好享受生活，只是当时年纪小的我连生活是什么都还不懂，可她带我们走过的街道、闻过的花香、看过的星星，都存在于她和我们的故事里。作为一个渴望被爱的孤独症患者，她总是怕麻烦人，却又喜欢被人麻烦，把别人的事当成自己重要的事，所以有了《亲爱的三毛》中的“三毛信箱”，所以有了几百场的巡回演讲和1989年的回乡之旅。一个渴望被肯定却喜欢独处的人，在她的文字里流露出真情。读者感受到她的存在，又不敢相信她的真实。而在我心里，她永远是那个拉着我们小孩子去玩去闹的大孩子，永远是那个我们不腻烦的大玩伴。

我其实是个不太相信许愿池的人，但如果许愿真能成真，希望喜欢这本书的朋友们一起把这些只字片语叠加起来送给天上的她。同时，希望那些尚未认识她的人也能认识这位努力活出不同精彩的女人。

每个三毛的读者心里都有个独一无二的三毛，一个和自己对话的三毛。愿你珍藏这位专属于你的三毛，也愿你因她而美好，因她而自由。

我们来不及告别，我们却来得及重逢。

三毛不在的日子，我们，还在一起。

陈天慈

2020年7月11日于加拿大温哥华

我的姑姑三毛

产品经理 | 高一君
徐慧敏
装帧设计 | 王楠莹
产品监制 | 周　颖
营销经理 | 戴亚伶
出 品 人 | 路金波

图书在版编目（CIP）数据

我的姑姑三毛 /（加）陈天慈著. -- 上海 : 上海文艺出版社, 2020

ISBN 978-7-5321-7827-8

Ⅰ. ①我… Ⅱ. ①陈… Ⅲ. ①三毛（1943-1991）—传记 Ⅳ. ①K825.6

中国版本图书馆CIP数据核字(2020)第213981号

出 版 人：毕　胜
责任编辑：陈　蕾
特约编辑：高一君　徐慧敏
装帧设计：王楠莹

书　　名：我的姑姑三毛
作　　者：陈天慈
出　　版：上海世纪出版集团　上海文艺出版社
地　　址：上海市绍兴路 7 号　200020
发　　行：果麦文化传媒股份有限公司
印　　刷：北京盛通印刷股份有限公司
开　　本：880mm×1230mm　1/32
印　　张：10
字　　数：216 千字
印　　次：2020 年 11 月第 1 版
　　　　　2021 年 1 月第 3 次印刷
印　　数：26,001-31,000
I S B N：978-7-5321-7827-8 / I·6209
定　　价：49.00 元